自治体職員かく語る

～職員のための本音の話～

化研究会 編

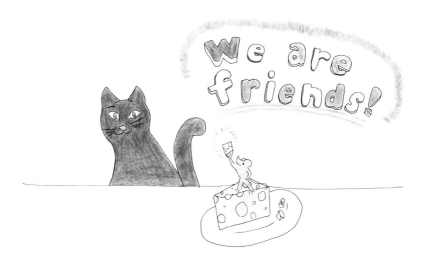

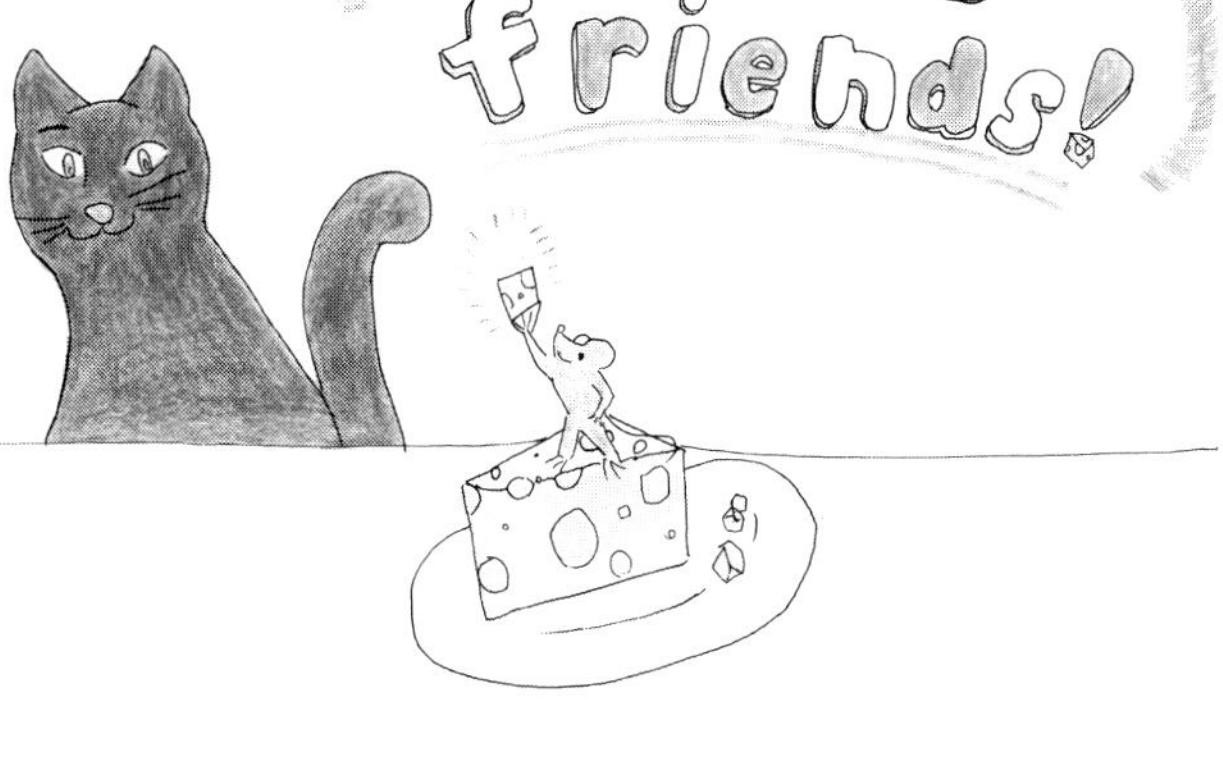

生活福祉研究機構

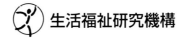

出版に寄せて

二〇二〇年代に入り、世界は、新型感染症、戦争・紛争、災害、温暖化、インフレなどで大きく揺れ動いています。中でも、新型感染症による社会的後遺症は大きく、地域社会には孤立・孤独、生活困窮、物価高騰などに苦しむ人たちが多くいます。西欧近代科学技術文明の力で無理矢理、パンドラの箱を開けた結果、災厄が各地に飛び散ったかのような惨状です。それでも、誰もが生きるために現実に向き合っています。

パンドラの箱には確か、「希望」が残っているはずです。何が希望なのでしょうか。時に激しく、時に緩やかに、社会は変化を続けていきます。先人たちから託された人の営みとは、誰もがそれぞれの幸せを享受し、人として尊厳を持って生を全うできる社会を築くことと思います。社会が組織化されていく歴史において、利他を使命に地域社会の人々のために働く一群が生まれました。それが今日、公務員と呼ばれる人々ではないでしょうか。もちろん、公務員とて万能ではありませんし、職分も法令や職務規程で定められて制約があります。また、いつの時代にもその信頼を揺るがす事件も起き、厳しい批判に晒されることもあります。

しかし、混迷する社会には必ず、誰よりも地域社会を俯瞰し、その課題の解決に叡智を集めて行動した人々がいたからこそ、今の社会があるのかもしれません。そこに、ほのかな希望の光があるのではないでしょうか。そうした人々の一隅に公務員がいると思います。

一般社団法人生活福祉研究機構は、三〇年余前に生まれました。世界に類例のない少子高齢化社会に向かう日本は、当時、自らの力で未来への途を切り拓くことを求められていました。解はありませんでした。まさに、地域住民一人ひとりがわが町をどうしたいのか考え、行動することが必要でした。そこで、私たちは、民官学の三者が協働し、地域に根ざした実践を取り上げ、掘り下げ、その叡智を広く世に伝えることで誰もがその人らしく主体性を持って生きることのできるまちづくりの一助になろうと努めてきました。その行動記録を残し、悩む実践者の灯火とすべく上梓した一冊が『自治体職員かく生きる』でした。そして一層混迷する時代に、もっと、その生き様をより具体的に明らかにしようとシリーズ化を試み、その第一歩として、『自治体職員かく語る』を出版することになりました。著者は、長年にわたって、生活福祉研究機構、自治体活性化研究会を牽引してきた一人である、松藤聖一氏です。お読み頂くとおわかり頂けると思いますが、同氏の何ものをも恐れず前進する行動力、幅広い知識見識、鋭い観察眼にただただ驚くと同時に、阪神淡路大震災での獅子奮迅の行動に圧倒されると思います。その生き様は、公務員という枠をはるかに超え、則を超えて前に進む「人間松藤聖一」の行動記録ともいえるものとなっています。小柄で温厚な松藤氏ですが、その背中はとても大きく、ほとばしる情熱を感じさせます。

是非、多くの方々に本著を手に取り目を通して頂き、某《なにがし》かの気づきを得て、明日からの行動の一助にして頂けることを心から願っています。

二〇二四年二月

一般社団法人生活福祉研究機構
理事長　古都　賢一

まえがき

宝塚市長寿福祉課長として介護保険制度開始に向けて全力試走していた、一九九八年ごろのことではなかったかと思います。㈳生活福祉研究機構主催の介護保険シンポジュウムが、大阪府社協の会議室で開かれ、一圓光彌先生に勧められて参加していました。

厚生労働省河課長の基調講演があり、質疑応答になりましてソーシャルワークについて質問をしました。河課長からは、介護保険ではケアマネジメントの考えがベースになっており、個人的にはソーシャルワークに対して疑問を持っているというような趣旨の答えをいただきました。確かに介護保険制度ではソーシャルワークという概念がサービス体系上表われていなくて、それは旧来の措置制度の枠に収まっているという印象をもっていたところでした。

その少し前にミシガン大学の短期セミナーに参加したことをきっかけに、同大学のターナークリニックソーシャルワーカーのルース・キャンベルさんと親しくなったり、優れたソーシャルワークの研究者である龍谷大学の岡田藤太郎先生や関西学院大学の浅野仁先生とのつながりから、ソーシャルワークに関心を持っていたことが質問の背景にありました。

その一方で、障害者の運動団体との付き合いやアメリカの自立生活運動、研究者・実践者としての第一人者であった大阪府立大学の定藤丈文先生との交流からソーシャルワークへの疑問もありましたので、河課長の個人的見解も腑に落ちるものでした。

それよりなによりこのような意見交換ができる場があったことが驚きで、㈳生活福祉研究機構の基盤でもある自治体活性化研究会との出会いは、議論ができる場の発見でもありました。

それから疾風怒濤の一〇年が過ぎ、定年退職を迎えると同時にソーシャルファームを開設したのですが、それも自治体活性化研究会とつながる生活福祉研究機構が主宰されていたソーシャルインクルージョン研究会・推進会議に参加したことがきっかけでした。

定年を目前に控えて宝塚市長が収賄で逮捕起訴されるという事件に遭遇しました。それも環境部長として所管する事業に関するもので、その前の市長も収賄で起訴され辞任したということもあり、大変な出来事が二倍にも三倍にもなるというようなありさまです。

捜査がはいってまもなく事情聴取のトーンも穏やかなものになり、嫌疑が及ぶようなことはありませんでしたが、議会もマスコミも容赦のないことに加えて自転車に乗っているところを当て逃げされ骨折するという事故にもあい、なかなかハードな日々が続いたのですが、その片方で自治体活性化研究会の生活福祉に関する調査研究活動を続けることができ、その延長線上で、地元での実践として、ソーシャルファームを立ち上げる研究会を主宰し、実践につながったことはなによりの心の拠り所になり、難局を乗り越えることができたのではないかと思っています。

自治体活性化研究会も社会の変遷に伴って姿を変えてきました。それが研究会の持ち味とでも言えますが、その変容の一つにメンバーズレターの発行がありました。議論の場であるところを最も評価してきたわけですから、その議論の種を播くのにふさわしい場ができたとの思いを強くしました。加えて研究会への恩義も自覚していましたので、できる限り寄稿しようと心の中で決めて、拙文を臆面もなく送り続け、編集部から返されることもなく掲載されていきました。

七、八回くらい続いたころでしたか、法人専務理事の土井さんからまとまったら本にしてはどうですかというような言葉をもらい、その時にはそんなことまでには至らないというのが本当のところです。

それから七年くらいたちましたか、老いが急速に深まってきました。記憶も不如意なことが増え、文章にするネタもいつまで持つかとの思いが強くなったころ土井さんの本にしてはという言葉が蘇って、出版の相談を始めました。

寄稿した文章の大半は議論のための問題提起にもなっていなくて、単なる話題にすぎません。ただこんなことを考える人もあるという程度にはお読みいただいたのではないかと思います。内容も大きく分ければ、自治体職員としての経験と自省、旅や読書、映画を通した社会時評的なものなどなど。

その一方でこんなことも考えていました。自治体職員のミッションは、「住民の命と暮らしを守る」という言葉に集約されると思います。憲法では公務員すべてを「全体の奉仕者」であれとしていますが、それは持つべき姿勢を示すもので、一人ひとりの自治体職員が現場で課題に直面したときの行動規範は、災害救助活動で端的に現れますが、住民の命と暮らしをどのように守るかということになります。それは自治体職員に課せられた基本的な責務であるともいえます。

その観点から、防災、環境、人権、平和など、住民の命と暮らしにかかわる様々な課題に関心をもち、それぞれに自分なりの考えを持ちながら日々の課題に向き合うことが大切ではないかと思っています。そんなことは書くまでもなく当たり前のことかもしれませんが、自治体活性化研究会の研究活動の背景にあるものとの思いもあって書き綴ってきました。

この拙文を研究会のメンバーのみならず地域で活躍されている皆様にお読みいただき、思いをめぐらせるためのささやかなヒントにしていただくことができましたら、望外の喜びです。

なお、本書の出版にあたり大きな励ましをいただきました一圓光彌先生、土井康晴さん、編集にご尽力くださいました古都賢一さん、大石田久宗さん、丁寧な助言をいただきました亀谷秀保さん、皆さまに心からお礼を申し上げます。

二〇二四年二月

松藤　聖一

目次

出版に寄せて
まえがき

第一章　自治体職員かく語る

何も語らない故郷大牟田の産業遺産……12
小さな教会堂との対話……15
マリンとネイビー……19
ラッディズム？……22
Ｃｕｓｔｏｍｅｒ　ｉｓ　ａｌｗａｙｓ　ｒｉｇｈｔ！……26
奪ってよい命、奪ってはならない命？……30
島守……34
ハッピードラゴン、ハッピーアイランド……37
権力者のつぶやき……41
アメリカがない……44
ニュクリムとは俺のことかとエンクルマ言い……47
能力に応じて働き、必要に応じて・・……51

目　次

私は、嘘は申しません？……55
矜持……59
奇跡のピアノ……62
王様のいる国、いない国……65
一時間から三七時間三〇分へ……69
悪魔の囁き……74
頭がよいとよい頭……77
「一粒のビーズと人間ひとり」奴隷貿易から四〇〇年……81
箱舟を自らの手で……84
「宝くじは必ず当たる」……88
ペーパームーン……92
私が命がけであなたの命を守る（八月への思い）……96
Ｃｏｖｉｄ―19と社会の病……100
「ＭＩＮＡＭＡＴＡ」……104
ノーベル平和賞を……109
政策事始め……114
市長逮捕……119
中学二年で私は初めて文学と出会った……128

「ＬＩＶＩＮＧ」の記憶……132

第二章　自治体職員かく生きる

阪神淡路大震災の一〇〇日　一九九五年一月一七日午前五時四六分……138
救援物資が支える／ボランティア元年始まりの始まり／災害時要援護者を訪ねる・護る／二次避難所を開設する／仮設グループホームと一〇〇日を超えて
組織の一員としてどう生きるか……154
一　政治的な意見の対立と調整／二　理事者と自治体職員／三　自治体の計画づくりと職員／四　自治体における政治と行政
見えてきた地域福祉の課題……167
一　コミュニティエリアの再編から／二　福祉のラウンドテーブルを開設／三　深刻な地域課題に向き合う／四　新たなネットワーク形成のベースに
年譜
あとがき

第一章　自治体職員かく語る

何も語らない故郷大牟田の産業遺産

一泊しただけだが、神戸出身の友人と故郷大牟田へ行ってきた。世界産業遺産としてユネスコへの登録を果たした炭鉱の廃坑跡がある町である。一九歳まで暮らし、父はその三井三池炭鉱の労働者であった。廃坑跡の一つ宮之浦坑は、数キロメートル離れた海底にある炭層に父が毎日もぐっていたところだ。その鉱業所の跡地には、炭車と並んで労働者を運んでいたケーブルカーが展示されている。その一輌には「負傷者運搬車」との表示。寝台車になっているそれを目にしたとき、思わず息をのんだ。

炭鉱労働は、命や健康な肉体を天秤に掛けた過酷な労働であった。落盤事故は毎年二桁の命を奪っていたように記憶している。けが人は言うに及ばずである。塵肺と呼ばれる炭塵を吸ったことによる肺細胞の破壊は、防塵マスクを嫌った威勢の良い労働者と効率を求めてそれを見逃した現場の管理者のもたらした人災ではなかったかと今にして思う。

総資本と総労働の対決と言われた三池争議が労働側の敗北で終わり、エネルギー転換の大きな流れの中で、国内の多くの炭鉱が閉山された結果、三池炭鉱はエネルギー転換の最前線に立たされていた。そのため徹底した合理化を余儀なくされ、年間出炭量が毎年記録を更新しているところに大規模な粉じん爆発事故は起こった。それは世界の炭鉱で発生した事故の中で、最も多くの犠牲者を出した事故であった。

一九六〇年の労働争議から三年後、一九六三年一一月九日に起きた炭塵爆発事故は、死者四五八人、一酸化炭素中毒患者八三九人という悲惨なものであった。今でも命を長らえている患者とその家族は、その厳しい後遺症から塗炭の苦しみにあえぎ続けている。

父は、事故発生時にはたまたま非番であった。そのときの気持ちを父に聞いたことはなく、そもそも坑内での労働を家庭で語ることはなかった。敬虔なクリスチャンであった父の祈りが深いものであったような印象はかすかな記憶として残ってはいる。だが父が何を祈ったのかは想像することさえ難しい。ただ父は、事故を免れ、その後も定年退職まで怪我をすることもなく勤め上げ、息子と娘を大学に進学させ、穏やかな老後を送った。ケーブルカーを目の当たりにして息をのんだのはそういうことであったからである。

その炭鉱の跡は、世界遺産ではない。そこから三㎞ほど離れたところにあり、宮之浦坑の一時代前に廃坑になった万田坑と呼ばれていた立坑の櫓と建物跡が指定を受けていて、周辺では土産物の売店と産業遺産の歴史をパネル展示しているコーナーが賑わっている。しかし、史上まれにみる労働争議や悲惨な炭塵爆発を記録したパネルは一枚もない。ましてや創業期の囚人労働や外国人労働、南西諸島出身者の労働などなど、近代産業をエネルギー分野で下支えした過酷な労働と搾取など無かったかのごとくである。

確かに父は、多くの炭鉱労働者がそうであったように、日本の産業を支える産業戦士とも例えられる誇りを持っていた。その歴史的な評価を世界遺産としてユネスコが認めてくれることはうれしいことだ。それは資本も労働も併せたものであるからこそ、人間の文化遺産として価値がある。しかし、多くの労働者の命と引き換えであったこと、多くの労働者を搾取し、非人間的に扱ってきたことを顧みることなくして、世界遺産として一面の価値をのみ喧伝することは、これからの社会を担う人々に対して正確ではない価値観を伝え、過ちを繰り返すことにつながるはずだ。

産業遺産登録については、韓国政府とぎくしゃくした交渉がなされてきた。ユネスコの考え方と日本政府の立ち位置が間違っていたとは思わないが、その結果登録された産業遺産が、歴史的、社会的に極めて重要な負の側面をまったく語っていないとしたら、むしろそのような登録はなされなかったほうがよかった。

（二〇一五年一二月一三日）

小さな教会堂との対話

故郷大牟田市に小さなプロテスタントの教会堂がある。その大牟田正山町教会の梅崎牧師は、宝塚教会の出身で、長らくホームレス支援をやってきた人である。突然の訪問だったので牧師はおられなかったが夫人と思われる女性が丁寧に教会堂を案内してくださった。

一九歳まで毎週日曜日に通った礼拝堂は、かわりなく当時の姿を保っていた。故郷を離れてからキリスト教会に通うことはなくなったが、長い月日を経て再会したその木造の建物は、設計士で工務店を営んでいた母の兄が設計をし、施工した建築物で六〇年を経て使い続けられている。

牧師夫人は、この教会堂がよほど気に入っておられる様子。建物がしっかりしていて小さな修繕で済んでいることや手を入れる時もできるだけ元の形にし、なによりも教会員の皆さんから大切に思っていただいていることを吶々と語ってくれた。

教会堂のベンチに腰を下ろしてしばらく佇んでいると、牧師の説教を聴き、賛美歌を歌い、祈っていた日々が蘇り、母や伯父の記憶が重なった。どのような経緯があって設計をしたのか今では知る由もないが、伯父はクリスチャンではなかった。寡聞なことではあるが、このような建物の設計施工は持ち出しになるという。母の実家にはよく遊びに行っていて、その建築現場にも連れて行ってもらい、普段は寡黙で少し怖かった伯父が、選びに選んだ材料のことを嬉しそうに語っていた姿が印象的だった。

伯父は母のことをとても大切にしていたので、その妹の頼みを聞いてくれたのだとは思うが、建築のエンジニアとして「やってみたい」と思う気持ちも強かったのではないだろうか。

その伯父であるが、公共工事は一切請負わなかった。アルコール中毒で晩年の一〇年は寝床の上で暮らしていた祖父への反発から、アルコールを極度に嫌っていた。それに加えて「あいつらは飲まさなきゃ仕事をくれん。」いつどんな場面で聞いたのか定かではないが、母の問いかけに答えてであったような記憶。

戦後しばらくの時期までは民家の普請の多くは大工さんの請負で、工務店への依頼は限られていた。その伯父の工務店に継続的に仕事を出してくれた企業があった。東洋高圧という、戦争中は軍需物資を生産していた企業だ。そのために空襲で設備は完全に破壊されていた。そこへ復員してきた社員が再建に全力を尽くしていて、そのときからの仕事をずっともらえていたのである。

そのがんこな伯父に、もちろん入札を通してではあるが、発注し続けてくれた営繕担当の存在があったことを、大切にされてきた教会堂が思い起こさせてくれたのだ。発注する企業と受注する工務店との間の仕事のつながりと同時に、誠実に仕事をする人と人のつながりがあったからこそ伯父の工務店は生き延び、教会堂も建設できたのだ。それはどれほど大切なことであるか。もしその民間企業の営繕担当が接待を求める人であったなら、伯父の工務店は続かなかったであろうし、教会堂はどのようになっていたか。

公共工事の受注に担当者の接待がつきものという時代はとっくに終わっているはず。にもかかわらず、宝塚市役所に勤務した最後の五年間に二人の市長が収賄で逮捕されるということが起きた。一人目のときは企画調整部の政策室長であったので度々の記者会見の場に出て、テレビカメラの前で深々とお辞儀をするという役割を担わされることになり、助役の会見の原稿も度々書くことになった。

二人目は環境部長の時で、あろうことか直接担当している墓苑の造成とプラスチックの分別処理の二件にわたり業者から収賄をしていたものだ。裁判では執行猶予なしの実刑で懲役三年という厳しい刑事罰が下されたが、捜査の途上では、当然私もその対象であり、マスコミからの取材、議会の対応は息を継ぐ間のない厳しさであった。余談だがそのとき押収されていた手帳は、事件から一〇年を経て、つい数か月前に返されてきた。

そんなことのために、市民への説明に環境部職員総がかりで休日出勤をくりかえし進めてきたごみ減量化の政策が停滞し、市行政への信頼が失墜したことはほんとうに悔しかった。さらに残念だったことは、社会民主党の元国会議員であった中川市長が立候補した選挙で構造的汚職と決めつけたキャンペーンを張り、就任後調査委員会を設置し、その片棒を担いでいたかのような立場に立たされたこと。構造的な汚職ではなかったからこそ明るみに出たのであって、構造的になされる汚職は、構造的であるがゆえにめったなことで表面化することはないのではないか。ちなみに当時の井戸兵庫県知事が逮捕の直後に、宝塚市長の収賄事件は構造的汚職ではないかという記者からのインタビューに、「あれは構造なんかの問題ではない、まったく個人の資質の問題」と答えていたことが印象深く記憶に刻まれている。

話は戻るが、四十数年前に宝塚市役所への就職を喜んでくれるだろうと思っていたその伯父に報告したとき、「市役所みたいなとこにいかんといけんかったんか」と嘆息したことが、耳にこびりついたまま六年前に定年を迎えた。宝塚市職員としてずっと誇りに思ってきたこと、それは市制施行から今日まで市行政職員の汚職による逮捕者を一人も出していないことだ。

（二〇一六年二月一四日）

マリンとネイビー

父は青年時代のほとんどを海軍で過ごした。志願兵だったのである。係累の享年が書いてあるので唯一処分しなかった父のノートに、まだ戦争が激しくなる前に二三歳で亡くなった女性の名前があり、係累の欄には恋人と書いてある。兵士と町の娘が出会って恋人どうしの時間を過ごした軍港の町佐世保はどんな町だったのか、今どんなふうに見えるのか大牟田からの続きで訪ねることにした。

友人がリサーチしていた地元魚介類を揃えた居酒屋のコの字型のカウンターの向かいには、一人旅の初老の男性が文庫本を片手に、日本酒であろうか、ちびりちびりときこしめしている。それとなく視線を傾けると『69』[1]のタイトルが目に入った。佐世保出身の村上龍が佐世保北高校時代の一九六九年の出来事を小説に仕立てた本で、佐世保訪問の予習として予め買い求め読んでいたそれである。

佐世保市には過去に二度訪れている。最初は一九六二年ごろだったのではないかと思う。父の旧海軍時代の集まりについていったのだが、海上自衛隊の艦船を見学したこと以外は覚えていない。二度目はちょうど一九六九年である。大学での友人二人と長崎・佐世保を旅した。長崎では「マイルス」、佐世保では

1　村上龍『69 sixty nine』。集英社から一九八七年に刊行され、一九九〇年に文庫化。

「ダウンビート」という当時九州では知られたジャズ喫茶を訪れている。

そのダウンビートであるが、『69』にも登場する店は、海軍橋を渡った米軍基地のゲートの近くにあったようなかすかな記憶。真夏のかんかん照りの午後でもあり、すいているに違いないと入った。カウンターと少しのテーブルの店内は米兵であふれ、クールなジャズではなく喧騒を掻き立てるようにピンクフロイドがかかっていた。そしてなんだこいつはという、ロングヘアーの若い三人の日本人へのまなざしには、ベトナム戦争の当事者である兵士の束の間の休暇に闖入してきたアジア人への敵愾心が露わであった。ましてや、その一年半前に海軍橋でくりひろげられた原子力空母エンタープライズ阻止のデモ隊と機動隊の衝突をどんな面持ちで見たのだろうか。

それから四五年後である。ダウンビートはすでになく、佐世保の夜は穏やかで飲食店が立ち並ぶ界隈もみんなゆったりと歩いている。米軍の関係者と思われる人々もそこかしこに目に入るが兵士という雰囲気はない。今でも佐世保は横須賀と並ぶ米海軍の基地の街であり、海上自衛隊の主力基地もある軍港都市のはずなのに普通の地方都市の表情をしている。

ホテルに友人を残して軍港のバーを目指した。ガイドブックをたよりに入ったグラマフォンという店は、落ち着いた雰囲気で時間がゆっくりと流れている。米国人と思われる先客が数名あり、新来の客を穏やかなまなざしで招いてくれる。女性のバーテンダーも暇をもてあましてか、話し相手に。

何の話からそうなったたか、マリンとネイビーの話になった。「マリンはネイビーとは別ね、まず体格からして違うし。」マリンは海兵隊でネイビーは海軍のこと。かつて徴兵制が敷かれていたアメリカでも、海兵隊は特別で、士気が高い志願兵だけで構成されていた。そういえば父は、最初は戦艦に乗っていて重度のマラリアに罹患し、療養後は陸戦隊でビルマに送られ、捕虜収容所から帰還して命を長らえた。ネイビーからマリンになったわけであるが、いわゆる員数合わせである。まともに戦えたはずがない。

兵隊を消耗品扱いする軍隊が強い訳はないということはさておき、そもそも軍隊には誰かの命を守るために誰かの命を奪うという不条理なところがある。四五年前、佐世保のダウンビートで侵入してきたアジア人の学生を目にした、徴兵ではなく志願兵であった、米国海軍海兵隊員のまなざしには、自身の命を懸けて守るも奪うもアジア人という納得がいかない問題があったのではないだろうか。

（二〇一六年四月三日）

ラッディズム？

「未来を先取りすることをやっているのですが、さて何でしょう」ハウステンボスの経営者であるＨＩＳの澤田代表のテレビの画面からの問いかけに私は、「障害者」と答えたのだが、ほとんどのサービスをロボットが行う新設のホテルが画面で紹介され、正解は「ロボット」であった。一緒に見ていた家人からはなぜ障害者との疑問が。初めて見た爆笑問題が司会をするＮＨＫの番組「探検ばくもん」を見ながらのやりとり。

番組は、一六年間赤字が続いて倒産した長崎県のテーマパーク、ハウステンボスが半年で黒字化した謎を解く番組で、前述はその設問の一つである。そういえばコメンテーターとしてジャパネット高田の社長も出演していた。

さてその答え。フロントからルームサービス、清掃まで本当に徹底してロボット化がなされていて、支配人だけが人間というまさしく近未来的なホテルが現実に営業を始めていた。澤田代表は、未来はこうなりますと確信をもってホテルの施設やサービスを紹介し、爆笑問題の二人ににこやかに語りかけている。そのとき太田氏が人間いらなくなっちゃいますねと、小声で問い返すと澤田氏は、すかさずロボットができることはロボットに任せ、人間にしかできない創造的なことに就けることが目指すべき理想の人間社会だと思うと返し、話の接ぎ穂が途絶えた。

障害のあるスタッフが二〇人、障害のないスタッフ二三人が働く「こむの事業所」が建築途上であった二〇一〇年、欧州からソーシャルファーム（社会的事業所）関係組織の視察団がやってきたときのこと。「機械でできることを止めて、人間の仕事にしようと思っています。このことを私は『現代のラッディズム』と呼び、人間社会の未来を拓く鍵だと思っています。」と発言したら、失笑がもれ、参加者の一人から「ありえない」の一言。

こむの事業所がある福祉コミュニティプラザには約一〇〇台の駐車場がある。一六年前に開設されて以来駐車料金は無料だったのだが、土地建物を提供している財団から車の増加を抑制するために有料化をする方針が示されていた。当然のこととして機械管理が想定されていたはず。そこへ障害者の仕事にしたいと申し入れをし、実現した。ゲートの開閉は機械、料金計算はパソコンでやり料金の収受と案内を人が担う仕組みにして障害者の仕事にした。現在は五人の障害者スタッフの仕事になっている。

欧州の視察団には、駐車場だけではなく飲料水の自販機もなくして対面サービスにすると説明した。ここがモデルになって全国の公共駐車場と公共施設の飲料サービスから機械を取り除いて数万人の雇用を生み出すつもりであり、これが現代のラッダイト運動だと大言壮語したのだ。失笑をかったが本気で考えていたことだった。

ハウステンボスの澤田代表は胸をはって「未来社会はロボットだと、そこに豊かな人間社会が築かれると確信している。」と言う。夢としては悪くない。しかし少し想像してみれば爆笑問題の太田氏の危惧のほうが当たっていることに思いいたるはずだ。現に完全にロボット化された車の生産現場にいた労働者、入るはずだった労働者は、どこへ行ったか。確かに一部はどんなことを目指すかは不明であるにしろ創造的な仕事に就いたかもしれない。しかし、多くはより低賃金の下請けの工場か様々な最低賃金の労働者か失業者にならざるをえない。ホテルのフロントマンや客室係はどこへいくのだろうか。

こむの事業所では、引きこもっていたとされている青年たちが清掃の仕事をしている。清掃の現場は、最低賃金レベルの仕事であって、普通に生活できる賃金を稼ぐことは困難だ。稼げる一般就労のハードルは高い。同じように、ホワイトカラーに就くためのハードルは、高度な創造的業務が求められた結果どんどん高くなっている。つまりだれもができるような仕事は、文句も言わずに二四時間働くITやロボットに代わられ、いやもしかしたら、囲碁の世界チャンピオンを負かしたように、創造的な仕事でさえもそうなる事態が現れている。

とはいえ、ITやロボットを全面否定しようというわけではない。こむの事業所の駐車場で働く障害者スタッフは、ゲートを開閉する機会や料金を計算するパソコンなしでは、それぞれの障害をかかえて業務をなしえないのであって、いわば補完の関係にある。また駐車場の利用客との挨拶がやがて一言二言の会話に広がり、細くではあるが人と人とのつながりが芽生えている。

駐車場の仕事に課題がないわけではない。来客がないときのつらさや仕事の発展がないことへのむなしさなど仕事の充実感が得にくい業務であり、なかなかその解が得られないために批判を受けているばかりでなく、このモデルの広がりがないという現実もある。しかし、ロボットがサービスをするホテルよりも、障害者スタッフの駐車場業務こそが私たちの社会の未来を拓く水先案内人であるにちがいないことを確信している。

（二〇一六年四月三〇日）

Customer is always right!

「Customer is always right!」、二〇〇一年の米国映画"i am sam"の一シーンである。知的障害をもつ青年サムが、一人で養育している七歳になる娘ルーシーとレストランに入り、メニューにない朝食をオーダーしたが、ウエイトレスには当然のこととして断られ、普段は穏やかなサムが激怒して叫ぶ台詞だ。和語では「お客様は神様です！」ということになる。

知的には七歳くらいの発達段階にあるとされているサムは、スターバックスで働きながらルーシーを、アパートの隣に暮らす引きこもりの音楽家や仲間の手助けを受けながら新生児から育てている。学齢期に達したルーシーが少しおませになってパパを誘ったいつも朝食に通うレストランとは違うレストランでのできごとである。

おそらくサムが、事あるごとにスタバの店長から言われ続けていた言葉は「Customer is always right!」であったに違いない。その大騒動は、ルーシーの心に、パパはほかの人たちと違うという意識を芽生えさせてしまう。それは二人の心に隔たりを生じさせるだけでなく、様々な出来事のために父娘の暮らしそのものが引き裂かれる事態にまで発展する。

この映画は、サムをとりまく人々の大変な努力と戦いを通して、サムとルーシーの親子が和解していく物語だ。映画を観終わって、人々がつながっていくことへの深い感動に包まれると同時に、ビジネス社会ではあたりまえのこの台詞「Ｃｕｓｔｏｍｅｒ　ｉｓ　ａｌｗａｙｓ　ｒｉｇｈｔ！」が心に突き刺さった。

本当は「Ｃｕｓｔｏｍｅｒ　ｉｓ　ａｌｗａｙｓ　ｒｉｇｈｔ！」は正しくはない。客の言う事が常に正しいなんてことはありえないことなのであって、現にこの映画のシーンでもサムのオーダーは断られ、怒ったサムは大声で怒鳴りちらしながら異議を申し立てるのである。正しくないのに、スターバックスのように世界中の企業でマネージャーたちがこの言葉を部下のスタッフに投げかけ、指導し、言い続けているのはなぜなのだろうか。もしかしたらこの言葉に潜むまやかしにこそ現代人の心を蝕む何かがあるのかもしれず、“i am sam”の作者は、知的障害のある青年の姿を借りてそれを暴いてみせたのではないのだろうか。

私たちの暮らしは、どこかの見ず知らずの人々が耕したり製造したりした食料や便利な品々を商品として買うことで成り立っている。そのためのお金は、見ず知らずの人に提供するものをつくるために働いて得ており、それは労働力を売っていることになる。そのいずれもマーケットでの価格調整が働き、資源が機能的に活用されることで、経済社会が発達してきたのであろうが、そのマーケットで行われる売買は、ものやサービスとお金の交換であり交換されるそれぞれの価値が等しいから交換が成り立っている。

この交換の本質である等価が等価であるためには、それぞれを所持する売り手と買い手が対等な立場にあることが絶対の条件であって、自由主義経済（マーケット）には身分的に自由な売り手と買い手の存在が不可欠なのだ。お客様が神様であっては、この経済そのものが成り立たないにもかかわらず多くのマーケットでは、売り手は買い手にもみ手をしながらすり寄ることを求められ、モンスタークレーマーや土下座の強要があるなど、あたかも疑似身分制が成り立っているような姿をさらしている。

その結果、特に消費者と直接対面する労働の現場が精神的に過酷になってくると同時に、その売り手は一方では買い手となって主のようにふるまうことになって、そのスパイラルはどんどんひどくなっていく。かつては売り手が「（買っていただいて）ありがとうございました」と言えば買い手も「（売っていただいて）ありがとうございました」と返していたその返す言葉が不自然に感じられるようなことになっているのではないだろうか。関西弁ではまだ「おおきに」に「おおきに」が返されていて救われる思いはするのではあるが。

さてその「Customer is always right」である。経営学の神様（ここでも神様？）とも言われるP・F・ドラッカーのいう顧客志向の別の表現であって、文字通りではないということが正解であるのだろう。だがそうであるためには、商品の売り手と買い手が売買以前のこととして対等の人格であることの相互の了解が必要であることは自明だ。すなわち、この人格の平等という社会の基礎が弱ければ、正しくない言葉が商品の売り買いを通して人を傷つけるばかりではなく、商品経済そのものを蝕んでいくことになる。

サムは、決して知的な発達遅滞のためにこの言葉のまやかしが理解できなくて怒ったのではない。自らが働く店で、客と対等な人格としては扱ってはもらえていないことを、自分が客になったときに繰り返しているだけのことなのだ。障害者であるサムは、社会のあらゆる場面で、対等な人格として接してもらえていないことを深く理解しており、そのことがマーケットを通してしか暮らすことができないすべての人々に突き刺さる毒矢を放つことを告発していたに違いない。

映画の中に描かれた姿は、人生ドラマの一場面であるにすぎないことなのかもしれない。しかしサムの一言の叫びは、近代市民社会が最も大切にしてきた「自由」「平等」がないがしろにされるとき、一見強固にも見えるマーケット社会でさえも瓦解することを宣告する預言者の言葉のようにも聞こえてくるのである。

（二〇一六年七月一〇日）

奪ってよい命、奪ってはならない命？

相模原市で一九人もの重度の障害者の命が奪われるという事件が起きた。加害者は自称ナチズムの信奉者であるようなことであるが、そのことはさておくとして、漏れ聞こえてくる加害者の主張は、社会的な負担をなくすために存在価値のない命を奪ったというようなことである。奪ってもよい命があると考え、殺人を犯したのは、ドストエフスキーが描いた『罪と罰』のラスコリーニコフではなかったか。

事件の直後の報道では、被害にあった障害者は決して存在価値がないわけではなく、家族にとっては希望であったり、社会にとってもかけがえのない価値がある存在であったにもかかわらず、加害者はなんてことをしでかしたのかというものが目立った。さすがにしばらくして、価値がなければ亡くなってもしかたがないということにつながる、そのことのおかしさに気付いたか、そのような報道は少なくなった。

とはいえ、存在の価値というところで命を考えるとき、多くの人の心の中に無くしてもよいという思いがあることは間違いのないことで、植物状態になった自分や家族には延命措置はいらないと考える人々が今は大勢を占めている。社会的にもそれは正しいこととして認識されているようでもあるが、それはほんとうだろうか。個々人の意思が明確であれば安楽死を法的に認めるというオランダでは、異なる命への考えがあるのだろうか。

このように存在価値で命を考えることは、事件の加害者の考えに直結する危うさがあり、歴史的にもホロコーストにつながったという事実を考えれば、正しいと断定することはできない。そもそも自分自身が価値のある存在であると確信すること自体が難しいことのようにも思える。

そう考えてくると、人間の命に、奪ってよい命と奪ってはいけない命という違いがあってはいけないのではないかという思いにいたる。では事件の加害者の命はどうなのだろう。感情的には守らなければならない命とは考えにくいのが率直なところではないか。この事件では多くの人が当然と考えるであろう加害者の死刑について、それでも奪ってはいけない命と考えることはなかなか難しいことだ。

十数年前であったかと思うが、日本に暮らす人の自殺者の数が三万人を超えたことが死刑制度について考えるきっかけとなった。それまでもぼんやりとは死刑制度はやめたほうがいいのではないかと考えてはいたのだが、自死を減らすことを考えたときに、死刑廃止が必要だと思うようになった。

自死の理由は様々で、防止の効果的な手立てが難しいように、おそらく一人ひとり違っているはずだが、最後に自分の命は自分で奪ってもよいと考えることができたために実行に及んだのである。もしどのような命であっても奪ってはいけないという確信があったならば自死はありえず、死刑廃止こそが自死を減らすための最も普遍的で有効なことではないかと考えるに及んだ。

もっとも、カミユのように自殺を自己の存在をかけた最も実存的行為だとする考えがあったり、フィンランドのように死刑を廃止しているにもかかわらず、一時期自死率が世界で最も高くなったことがある国もあるので、その有効性が実証されるものではないが、一人ひとりの命は、誰からも奪われることのないかけがえない命だということに思い至ったのである。

事件で突然命を奪われたり大けがを負わされた人々とその家族、親しくしていた人々に思いをよせれば、湧き上がってくる怒りの気持ちを抑えることができない。もし自分の家族やともに働く仲間のことであったら、復讐する気持ちを止めることができるであろうか。それでも命を奪ってはならないと思いをとどめることがはたしてできるのだろうか。

近代の法治国家は、私刑を禁止し、罪を犯したものへは法律に基づく刑罰を科すことで社会を維持している。被害者の復讐の思いもその中でできる限りくみ取るということであろうが、おそらく不可能であり、加害者を更生させるから社会の未来のために涙を飲んでくれということなのだろう。刑罰は決して復讐の代理ではないということではないだろうか。

死刑が重犯罪の予防につながらないということはよく知られている。犯人の死刑がすでに執行された付属池田小学校の事件は、もし死刑がなかったら実行できなかったのではないかと想像する。加えて復讐の代理にもならないとするなら死刑制度は何のためにあるのか、その答えはない。

法律学者であり最高裁判所判事も務めた団藤重光は、著書『死刑廃止論』の中で「法は世の中にそのあるべき姿を示すのでなければなりません。国民に対して生命の尊重を求めながら、法がみずから人の生命を奪うのを認めるということでは、世の中に対する示しがつかないのではないでしょうか。」[2]と書き、日本では平安時代に二六代三四六年間にわたり二、三件の例外を除いて死刑が執行されなかったことを紹介している。また、警察官僚であった亀井静香は、最も著名な死刑廃止論者の一人でもある。

数週間前のことになるが、日本弁護士連合会が死刑廃止を組織としての方針として掲げるというニュースが目に入った。その数週間後のこと、日本財団が調査した二〇歳以上の男女から得られた約四万人の回答から「本気で自殺を考えたことがある」と答えた人の割合が二五・四％あったということだ。

（二〇一六年九月一三日）

2　団藤重光『死刑廃止論　第六版』有斐閣、5頁、二〇〇〇年より引用。

島守

「今回私が考えたことは、自治体の職員って一体何だろうなって考えたとき、コミュニティの辺境と言いますか、ボーダーラインにいる人たちのことを常に守っていく防人、そういうコミュニティの防人みたいな役割を本来的に担っているんじゃないかなと思うんですね。その意識があれば、どのようなポジションにいて、どのような仕事をしていようが、常に自治体の職員としてはその責任を担えるんじゃないかなという風に感じました。」二〇〇八年二月二三日に信州大学で開かれたラウンドテーブル〝地域現場から政策をつくる〟で筆者が語った三五年間の総括である。

それから数年後に沖縄の現地で「島守」と呼ばれ、没後七〇年を経ていまだに多くの人々の敬愛を受けている自治体の首長があったことを知った。島田叡（しまだ　あきら）元沖縄県知事のこと。それからしばらくして、近くのリサイクルショップで琉球漆の未使用の菓子皿五枚組を三五〇円で購入したところ、その由来が印刷された紙には、沖縄戦からのがれて宮崎県に疎開した漆職人が疎開先で製作したものであることが記されていた。それは島田知事が救った一つの命の証であることを直感した。

島田叡は、神戸市の出身で神戸二中（現兵庫高校）から第三高等学校、東大を経て内務官僚になり、主に警察畑を歩み、知事就任前は大阪府内政部長であった。昨年六月那覇市で建立された顕彰碑の序幕式を報じた産経新聞の記事を引く。「第二次世界大戦末期の沖縄戦直前に、最後の官選知事として赴任した神戸出身の島田叡《あきら》氏＝写真（略）＝の顕彰碑の除幕式が、島田氏が亡くなったとされる二六日、那覇市で催された。命を賭して赴任し「沖縄の島守」として慕われた島田氏の功績を改めてたたえようと、市民らの募金で設置された。（中略）島田氏は米軍の上陸が迫る昭和二〇年一月、沖縄県知事の内示を受け、家族の反対を押し切り単身で赴任。県民約一〇万人の疎開を陣頭指揮し、食糧難のために台湾米を入手した。四月一日に米軍が本島に上陸、旧日本軍が司令部を放棄すると島田氏も職員とともに島南部に移動。六月末に糸満市摩文仁で消息を絶った。」[3]と記している。

最後まで行動を共にした県職員にも、自らのことはさておき、ガマを出て生き延びるように促したことなど、県民の疎開や食料確保に奔走した知事の人柄を偲ばせるエピソードが多く語り継がれている。

旧内務官僚であり勅任官であった大戦前の知事と同列に語ることはできないにしても、自らの命を呈して県民の命を守ろうとした島田元知事が島守と呼ばれていることには、自治体職員として深い共感を覚え、防人たらんと微力を尽くしてきた自らの自治体職員としての日々を重ね合わせて思いを深くしたのである。

しかし、その島田元知事が沖縄の人々のすべてに島守として敬愛されているわけではない。知事がとっ

3 「産経新聞」（二〇一五年六月二七日朝刊）より引用。

た行動も見方を替えれば、所詮日本軍に沖縄県民を協力させるためではなかったかという問い。しかもその声が日増しに強くなっているというのが沖縄の人々の偽らざる心情のよう。本土に逃げて半年以上の知事の不在状態をつくり、沖縄に一日たりとも戻らなかったといわれてきた前任の泉知事だが、軍部との協力を拒んだことにおいて日本軍に唯唯諾々と従った島田知事より、地元の共感が高まっているという片方の現実。

確かに泉元知事は、沖縄県民の立場からいくつかの軍の要請を断り続けてきたことがあって、沖縄を追われていたということも事実であろう。そのことはさておいても、島田知事への厳しい評価は、元自治体職員には何とも言い難いつらいものがある。

しかし、住民の命と暮らしを守るという自治体職員に課せられた使命は、戦争とどう向き合うかということと無関係ではないということを、二人の元沖縄県知事のことから思わざるを得ない。

普天間基地を見下ろす丘から、訓練を繰り返す軍用機を目の当たりにし、もともと沖縄県自民党の本流であった翁長知事が日本政府と厳しく対峙していることを重ね合わせると、未だ沖縄は戦争の現実の中にある。

（二〇一六年一〇月一一日）

ハッピードラゴン、ハッピーアイランド

東北大震災の日から四年経った昨年七月、初めて被災地を訪れた。久慈から仙台までレンタカーでの移動だ。生々しい津波のすさまじさを残し、夥しい復興事業の土木建設機械と作業員の宿舎・仮設住宅が立ち並ぶ光景が目に焼き着いてはなれない。

地震、津波と原発事故、そのうちの二つはまちを破壊して多くの命と暮らしを奪い、原発事故は暮らしの場を奪った。そしてたくさんの映像や記事がなんとかその有様を伝えようとしては来たが、その実相をなかなか掴めないもどかしさを感じながらの四年だった。その三つの災禍が同時にもたらされたところにこの大災害の伝わりにくさがあるのではないのかと感じていた。現地に行ったところで何がわかるのかとも考えたが、そこに身を置いてみることも必要だろうと、昨年に引き続きこの九月に福島を訪れることにした。

出発前に借りた線量計を自宅で動かしてみる。表示された値は〇・〇七μシーベルトだ。それがどの程度のものなのかもよくわからないままの旅。当初は相馬市近くの海辺の料理旅館に泊まり地元の魚介類を食べようと思い、電話で問い合わせたのだが、材料はすべて宮城県他よそから仕入れているとの答え、まだ試験漁ということ。やむなく福島市のビジネスホテルに投宿、たまたま見つけた近くの郷土料理の店で

は二人しかいなかった地元の客に大歓迎を受けることになったが、福島県沿岸の海産物をいただくことはできなかった。

その福島市へ到着するころから雨あしが少しずつ強くなり、やがて土砂降りになった。人通りの多い市街地に車を乗り入れるとビートルズの曲ラブミードゥの生演奏が聞こえてきた。街角街角でステージがしつらえられ、音楽イベントの真っ最中なのだが、気の毒なことにあいにくの天気、まち歩きもかなわず福島県立美術館に行ってみることに。

アメリカンリアリズムのコレクションで知られる美術館にアンドリューワイエスの作品があることは知っていたが、想定外のベン・シャーンの収蔵作品があり、第五福竜丸で被爆し亡くなった船員をテーマにした「ハッピードラゴン」も鑑賞することができた。震災後ベン・シャーンの特別展が日本各地で開催された折、アメリカの美術館からの出展作品が、こともあろうに日本での展示の中心的な役割を果たしていた福島県立美術館に展示を断られるということがあったそうな、後で知った話。収蔵品といい、美術館そのものも壮麗であり原発立地の恩恵があったのではとの思いが頭をかすめる。

翌日は、相馬市からいわき市にいたる浜通り地区を縦断する国道六号線を南下、二年前までは、帰宅困難地区を通る区間は通行不可であったのだが、現在は車のみ通行が許可されている。線量計は、福島市と相馬市の間の一部で〇・一μシーベルトを示したが相馬市では〇・〇七μシーベルトで我が家と同じである。しかし南相馬市の道の駅では〇・二μシーベルトに桁があがり、福島第一に最も近づいたときには、二・〇五μシーベルトを表示した。

私たちの世代の多くにとって、放射能は現実味のある恐怖であった。有明海を隔てて長崎に投下された原子爆弾のきのこ雲を見たという人が近くに住んでいたし、あの人は長崎でぴかドンにやられたらしいという噂も耳にした。第五福竜丸の記事からは放射線被ばくの怖さが伝えられ、キューバ危機のときにはほんとうに核戦争が始まると恐れおののいた。

その一方で原子力は、「原子力明るい未来のエネルギー」という標語どおりの夢のエネルギーでもあった。そのころ定期購読していた科学画報では原子力発電だけでなく、数年も燃料補給のいらない原子力船や、宇宙開発の主役になるであろう原子力推進ロケットなどが繰り返し特集記事になっていた。そして鉄腕アトムは科学の子であるアイロニーとして団塊の世代の心に刻まれた。

帰宅困難地区を通り抜ける車窓には、交差点ごとにバリケードが築かれ全国から派遣されている警察官が立ち警戒を続けている姿。放射能汚染のために帰宅してはいけない場所で働く人、ましてや核燃料が漏れている福島第一で廃炉のために作業に当たる人、この人たちをどのように考えたらよいのだろう。誰かがしなくてはならないことではあるのだが。

いわき市までおおよそ半日、二日目はハワイアンスパリゾート泊だ。炭鉱町に育った身に夕張炭田や常磐炭田という言葉は懐かしい響きを持つ。人口が半分より少なくなった三池炭田の大牟田市や過大な債務に消滅の危機にさらされた夕張市とは違い、いわき市は発展しつつあるまちという印象。平成の市町村大合併では成功した都市の一つであったような記憶がある。

二〇〇六年に公開された映画「フラガール」は、常磐炭鉱の炭鉱住宅を舞台に、急激に寂れつつある炭鉱町の再生を、フラダンスを売り物にした温泉町として再生しようとする人々のドラマだ。実際にあったことをベースにしていたこともあって強い印象を残した映画であったが、同様に今この地ハワイアンスパリゾートで演じられているポリネシアン、ハワイアンダンスもすばらしく、感動とともにハッピーな気分になった。三・一一大災害の復興のシンボルとして全国を公演して回ったチームの気迫が伝わるステージだ。

石炭と原子力、環境汚染の元凶である化石燃料の対極にあるクリーンエネンルギーとして、地球温暖化の切り札とまで言われてきた原子力。しかし起きてはいけない重大事故がチェルノブイリに続き、広島、長崎その後に第五福竜丸船員の被ばくを経験している日本で起きてしまった。「ハッピードラゴン（福龍）の次にハッピーアイランド（福島）での事故とは」誰かがネットに書き込んでいた言葉に言いようのない悲しさを覚える。本当に豊かな大地と海があり、人々を幸せにする文化をもつハッピーアイランドは、東京の人々を幸せにするためのエネルギー源の事故のために深く傷ついているのだ。

（二〇一六年一一月二三日）

権力者のつぶやき

三〇年前宝塚市の第三次総合計画策定の庁内ワーキンググループでのできごと。「行政の思いを伝えるためには」というグループリーダーの発言に反射的に「それはおかしい、行政は『思い』という言葉は使ってはいけないのでは」と反論した。トランプ大統領のツィッター報道を聞いて、そのときのことが脳裏に鮮明に蘇ったのである。

アカウンタビリティーという言葉がまだ耳に馴染まないころの話だ。（そういえば最近あまり聞かなくなった。）「市民の『思い』がなかなか（行政に）伝わらない」というような用語が広く用いられるようになっていた。「言葉で表すことが難しい。願いともいえることを受ける側は、想像力を働かせてくみ取ってほしい。」という場面が市民と行政の接点では多々あった。それは行政職員として大変重要な資質であり、求められる心構えではないかと常々念じていたことでもあった。

しかし行政の職員が市民に向けて用いてよい言葉ではない。ましてや総合計画にそのような言葉が用いられ、行政の中ばかりでなく市民との間にもその用語に合意がなされることを考えたときに、厳しく反論をせざるを得なかった。問題点は、その言葉一つで、行政は説明責任を回避し、市民は説明責任を求めないという極めて危うい市民と行政の関係性が形作られるところにある。

一四〇文字のメッセージが多くの「〜に対する思いを」力強く伝える言説であることはまちがいない。むしろ少ない言葉数であるがゆえに「思い」は一層印象深く刻み込まれる。しかし説明をするにはあまりにも少なすぎ、それどころか不可能だ。お読みいただいているこの文章は、一行四〇文字、四行に満たない文章での説明は、説明足りえない。

トランプ大統領にすれば、記者会見で説明もするし、教書でくわしく解説もする。政府職員は有能で、わかりやすく応対している、ということであろうが、問題はすべて後付けであるところにある。権力者の言葉は口から出た途端に実現への強い圧力となって権力の行使につながる。矢継ぎ早に放たれる大統領令がそれである。

議会を通した説明も議論も経ず、あげく憲法違反の判定。それでもツイッターの思いを貫く姿勢には、法治国家、三権分立という権力者の暴走に歯止めをかける民主主義への理解を欠いている。立憲主義や選挙制度は民主的に自由・平等の理念に基づいて、人々に幸せな暮らしを保証する完璧な制度ではない。ワイマール憲法と選挙制度がナチス政権を誕生させたことから、たえざる努力が必要なことを人間社会は深く学んできたのではなかったか。

行政の行為は権力作用だということを誰もが肝に命じておく必要がある。法律に基づいて強制的に徴収した税金で社会に必要なサービスを提供し、規制もする。この権力に基づいたサービスという自覚があれば、それが民主的に実行されるための説明責任があることは、携わる者には自明のことで、「思い」などという言葉は出てきようがないはずだ。米国大統領は世界で最も強い権力を持つ行政の長である。

ただ市役所でのできごとには背景があって、かつての岩国出雲市長の著書が読まれ、市役所の仕事は市民へのサービスということが浸透した時期である。そのことは正しい、だが権力を背景にしたサービスであるということが意識から欠落してしまった。今では、税務署も市役所も警察も強面でなくなり、かつての近寄りがたさは薄くなった半面チェックが甘々になってはいないだろうか。そんなことにもつながっているようにも思える。

ワーキングで「思い」を語ったリーダーは、私が新米だったころ、勉強家で誠実な先輩職員として見習ってきた上司で、敬愛する人である。そのような人から漏れたことが一層問題意識を強くしたように思う。うっかりするととんでもないことになることの一つであると思う。

ツイッターが始まってからどれくらいになるのか。昨今ツィッター社の業績が思わしくないと聞いたが、見ることも書くこともないのであれこれ言うこともよくないが、米国だけでなく日本でも政治のメッセージツールとしてよく用いられているところに、共通の問題を感じている。

米国大統領のつぶやきは、自由と民主主義の国には不適切だと多くの人が語り、心配をしている。

（二〇一七年二月一二日）

アメリカがない

「アメリカがない」は、沖縄のコザにあるライブハウスJETのハウスバンドのドラマーであったコーちゃんが発した言葉であった。であったと言うのは、昨年の八月コーちゃんは亡くなってしまったから。ベトナム戦争のころはコザだけでも二〇〇ちかくのロックバンドがあったという。中でも人気が高かった「Marie with MEDUSA」の人気ドラマーであったコーちゃんである。一昨年ライブが終わった後、近くのバーで偶然出会い、最近コザで人気のフィリピンバンドのことが話題になった。そのコーちゃんが「あいつらにはアメリカがない」と評したのである。

米軍基地のまちであるコザのバンドマンであるので、言葉の通りとその場ではわかったような気がしていたのであるが、よく考えてみるとフィリピンには基地がないというだけのことではないのではないか。そうであればそのアメリカとはいったい何であるのか、疑問はなかなかとけなかった。

それから二年、日本社会からの孤立感を深めつつある沖縄で普天間基地所属のオスプレイが辺野古沖に墜落した。記者会見に臨んだ米軍の高官は、同機が市街地を避けて海に不時着?したことへの感謝を、沖縄の人々に求めたのである。その会見を報じる記事を読んだときに沖縄にあるアメリカの意味が腑に落ちた。

かつてフィリピンにも米軍基地はあった。米国の植民地であった時から使用が始まり、第二次世界大戦後アジア最大の米軍基地となったスービック基地だ。それを一九九一年フィリピン国会はアメリカ合衆国の意向に逆らって使用期限の延長を否決した。アメリカがその決定を飲み込んだ背景には、中国との軍事的プレゼンスが大きくはなかったということもあるが、独立国としてのフィリピンの主権を認めたという取り消しえない事実がある。

ひるがえって日本にある米軍基地に関して日本の主権が存在したことはなかった。形式的には日本の主権はいつでも認め得るということではあるけれど、昨今の日本政府や米軍関係者のなりふりは、主権があるというふりさえもしなくなっている。唯一トランプ大統領が候補者であったときに日本を傘の外にしようと言っていた発言は、民主主義のアイロニーであるかのよう。

正しく表現すれば日本にある米軍基地は第二次世界大戦敗戦後の占領軍がそのまま現在まで駐留しているということに他ならない。その背景を社会学者の白井聡は永続敗戦論で敗戦を認めない、戦後を引きずることによって対米従属を今日まで続けることができた構造を明らかにしている。

フィリピンにも米軍の駐留があった、それはベトナムへの空爆の基地にもなった、にもかかわらず基地の町のロックミュージシャンに「あいつらにはアメリカがない」と言わしめたその違いは、同じ駐留軍でありながら沖縄の基地は敗戦国への占領軍であり、今でもその状態が続いているということではないか。

加えて、沖縄本島と近くの島々は大日本帝国の軍事基地化がなされたために破壊しつくされ、戦後は占領軍である米軍基地が建設されて減ることはなかった。日本全国の面積に沖縄県が占める割合は〇・六％である。その僅かな土地に日本に駐留する米軍基地の七四・四％がある。

着目すべきは、一九五五年の米軍基地が国土に占める割合は、本土が八九％で沖縄は一一％でしかなかったものが、一九七二年の沖縄返還時に本土が四一・三％、沖縄五八・七％、現在本土は二五・六％、沖縄七四・四％になってきた推移であろう。一九九三年に中曽根総理大臣はロナルド・レーガン大統領に「日米運命共同体」「日本列島不沈空母化」を語り、軍事上は日本は米国の占領下にあることを内外に示したのだが、ひたすら不沈空母化されたのは沖縄に他ならなかった。

一九四五年から今日まで米軍関係者による犯罪は、資料があるだけでも強姦殺人二三一件、殺人七五件、交通事故死二〇二人、強姦（未遂を含む。）が三二一人あって、これらは氷山の一角と言われている。捜査権も裁判権もなかった時代に無罪判決が繰り返されコザの暴動（一九七〇年）は起きた。ＪＥＴのドラマーコーちゃんがロックミュージシャンになった時代は、ベトナム戦争で正常な感覚をなくしたアメリカの兵士たちが荒れ狂う時代ではなかったかと思う。「アメリカがない」はそんな意味をもっていたばかりではなく、「アメリカがある」という沖縄の現状をするどく語っている。それでもコーちゃんは、ロックが好きで、アメリカも決して嫌いではなかったのではないか。

（二〇一七年三月二〇日）

注　基地関係のデータは、二〇一六年六月一八日発刊「沖縄タイムス」から引用。

ニュクリムとは俺のことかとエンクルマ言い

私たちより若い世代には何のことかわからないと思うが、エンクルマとはかつてパンアフリカニズム（汎アフリカ主義）が高揚していたころのリーダーの一人、西アフリカのガーナ共和国初代大統領であった人のこと。

妹の夫がガーナの日本大使館に勤めていたことがあって、二〇〇〇年二月に一〇日間ほどガーナを旅行する機会があった。一口にアフリカと言っても今のアフリカは多様で、南スーダンのように厳しい分断から脱出できない地域もあれば、ザンビアのように平和で豊かな社会を築きつつあるところもある。一方かつては豊かで平和であった地中海に面する国々は、アラブの春をきっかけにした民主化とイスラム原理主義との軋轢にさらされている。

そのようなアフリカであるが、植民地からの独立運動の過程で強力な統一化の運動が進められ、そのリーダーの一人がエンクルマであった。アフリカの国々で、赤、黄、緑、黒でデザインされた国旗が多く見られるのは、独立運動時に連帯していたことの証でもある。

ガーナでは主に首都アクラにある義弟の官舎に滞在した。二月に訪問したのは理由があって、この時期以外は、ハマターンという北からの季節風が吹きつづけ、サハラ砂漠で巻き上がった砂塵が空を覆うために青空がない日が続く。その季節を避けたということ。それでも訪問中抜けるような青空はなかった。ちなみにオランダのスキポール空港からの往復だったが、サハラ砂漠を超えていく間中ボーイング７６７の機体はガタガタと揺れ続けであった。帰路など隣に座った青年は、約六時間座席で頭を抱えたまま祈りのような言葉を吐きながら震え続けていた。

その官舎で家事手伝いにきてくれていた女性は、もの静かなたいへん親切な人で、政治や文化についての質問に家事の手を休めることなく丁寧に答えてくれた。軍事政権のローリング大統領への批判的な話からヌクリムさんの話になり、世界的に知られた人であなたが知らないはずがないということなのだが、聞いたことがないと答えると、ガーナ独立の父だということで、もしかしてエンクルマ大統領のことと思い当たり、日本ではエンクルマと呼ばれているというと、なぜだと聞かれたが知る由もない。

もともとかすかな記憶で、国際ペンクラブの会合ではなかったかと思うのだが、来日したことがあって、当時の日本代表であったか井上靖との写真を新聞紙上で見たような曖昧模糊としたことである。

そのエンクルマたちが目指したのは、個々の国家が宗主国から法的に独立しただけでは本当の独立とは言えないことから、連帯し経済文化も含めて、統合されたアフリカとして国際社会に向き合わなくてはならないと考えたところにある。そもそも独立国家を宣言したところでその国境線は、かつての宗主国間で線を引いたものであるにすぎず、公用語を取ってみても、ガーナは英語であるのに隣国マリやトーゴはフランス語であったりするわけで、ネイティブ言語や生活習慣、社会、文化に国境はなく、西アフリカから中央アフリカにかけて言語、文化のベルトはほぼつながっているにもかかわらずである。

それは今でも通貨や社会制度の統合化を目指す動き、EUをモデルにしながらアフリカ連合を目指す動きとして現在につながっており、その本部は唯一独立国でありつづけたエチオピアのアジスアベバに置かれているとのこと。

国家の地域統合の背景は、戦争をさけるところにあることは、間違いがない。二つの世界大戦を経験して、核兵器が開発され、三度目は人類の滅亡ということに直面して、統合しかないと考えるに至ったのだ。兵士だけでなく多くの市民が犠牲になり、ホロコーストの真実を目の当たりにしたときに他の選択肢はなかった。

欧州におけるその最初の一歩が、石炭を一つのルールで扱うことであった。それは当時の基本エネルギーから経済統合を目指すということであり、社会主義大国ソ連との対抗軸として社会の下部構造から手を付けるという描かれたシナリオでもある。そのゴールの一つが通貨の統合であったことは、まるでマルクスが描いたようなシナリオでもあった。

いまそのEUで分断の嵐が吹いていることは、人間社会の数少ない進化と言える果実を、青いうちから食べずに叩き落しているかのようだ。イギリスの離脱は、通貨の統合に加わらなかったことが影響したと考えれば、通貨の統合ができている国々は、まだまだ分断の嵐をしのぐことができるのではないかと考えれば、人間社会の存続がかかる分かれ道では、良いほうに進むのではないかという期待を持つことができニュクリムとは俺のことかとエンクルマ言いる。

ヨーロッパやアフリカ地域の統合と分断は、まだ希望がないわけではないが、紛争が絶えない中近東の不安定化や極東アジアの緊張と国家間の敵対に目を向けると、大東亜共栄圏の後遺症も災いしてかそのような理念も目標もまったくというほど聞くことはない。

アメリカトランプ政権が、分断のシンボルとなっていることを考えれば、平和な世界がほど遠いばかりか、人類滅亡の時を引き寄せているのではないか。そういえばいつだったかのニューズウィークの記事に、トランプ大統領の最強のブレーンであるバノン上級顧問はレーニン主義者だと自称していると書いてあった。悪い冗談だろうか。よい冗談？

（二〇一七年六月九日）

能力に応じて働き、必要に応じて・・

障害者就労継続支援A型事業を営む宝塚のNPO法人こむの事業所のモットーは、「みんなが働き、楽しく暮らす」である。公共施設の清掃やレストランのサービス、野菜の販売などなど。障害の種別も知的、精神、身体あるいは重複もありさまざまだけども、カテゴリーの違い以上に個々人の特徴の違いのほうがはるかに大きい。

仕事ができる、できないは仕事の内容によって計る物差しが違うために絶対評価はできないものの、同じ仕事の中ではある程度出来高を比較することはできる。例えばチームで取り組む清掃の仕事を見てみると、こむの事業所が受託する以前の業者では、一人で四時間かかっていた作業を、こむの事業所では、一人の障害のないリーダーと二人の障害者スタッフが二時間でこなすことができるようになった。このことは、実際の作業の中身を無視して人員配置と出来高のみで計算すれば、障害者スタッフの作業力は、障害のない人の五〇%ということになる。

実際の比率はともかく、遅かったりやり直しが必要だったりする障害者スタッフにも、兵庫県の最低賃金時給八一九円を支給しているところから問題が生じてくる。例えば同一労働同一賃金という主張の中には、能率には関係なくという主張と、能率比例は当然という考えとが混在している。昨今の労働市場の現状からは、能率を前提にしない賃金はあり得ないということだろう。

こむの事業所では、障害者スタッフとほぼ同数の障害のないスタッフが働いている。また、障害の特性から能率だけを見れば一〇〇％あるいはそれ以上の人もいる。当然のこととしてAさんと私がなぜ同じ賃金なのかという疑問が沸き起こり、「能力に応じて働き、出来高に応じて受け取るべきではないか」という主張がでてくる。

「能力に応じて働き、必要に応じて受け取る」というようなことを父から聞いたのは小学校四年生のころではなかったかと思う。小四であったのは一九六〇年のことであるので父が働いていた三池炭鉱は、総労働対総資本の戦いとも呼ばれた三池争議の真っただ中のこと。

熱心なクリスチャンで、どちらかと言えば炭鉱住宅の中での社会活動に力を注いでいた父は、マルキストではなかったと思うが、そこかしこにある貧困や不十分な子供の教育環境に直接働きかけていたことから、社会的矛盾への憤りは強かったにちがいない。当時よく知られた九州大学教授の向坂逸郎氏が炭鉱労働者を集めて開いていた「向坂学校」の名称は小学生の私にも届いていていており、父も幾分かは通っていたふしがある。

ただ父の書架にはキェルケゴールはあったが、マルクス・エンゲルスのものは共産党宣言くらいではなかったかと思う。それでも「能力に応じて・・・」の理想社会を表現する言葉が強烈な印象を与えていたことはまちがいない。

そんな理想社会を人間が築けるはずがない。ソビエト社会主義連邦共和国は崩壊し、中華人民共和国は理念を放棄したというのが、二〇世紀の壮大な社会実験の総括というところだろう。とはいえそのような社会を理想と考える人々は世界にたくさん存在し、米国のサンダース大統領候補のように左派カラーを前面に出している政治家もいる。ヨーロッパにいたっては、あまり人気はないが、社会主義や共産主義政党は存続している。そういえば日本だってそうだ。

さらに言えば、クリスチャンの父には、長男に語り聞かせるほど腑に落ちた言葉で、パンを分かち合い、勤勉を勧めるキリストの言葉の根の一つにあるものとも思ったのではないだろうか。それはイスラム教の言葉のなかにもあるのではないかと想像する。

そのように考えると、「能力に応じて働き、必要に応じて受け取る」という考えは必ずしもマルキストの専売ではなく、平等で暮らしやすい社会を目指そうと言う人々に普通にあった考え方ではなかったか。

ちなみに日本国憲法第二七条には、勤労の権利と義務がうたわれ、内容は法律で定めるとしている。最低賃金法では労働に対する対価は個々の能率などとは関係なく保障することになっている。能力に応じて働き生活に必要な最低限度の賃金を受け取るという意味では憲法を文字どおりに読めば、障害者を含め全ての人が最低賃金を得ながら働く権利があるということ。

現実的には全ての人に適用されるということではないのだが、ＥＵのソーシャルファームは、最低賃金を保障し、いくつかの国ではそのために賃金補てんを行っている。こむの事業所は、創業の理念をソーシャルファームとしてスタートし、背伸びをしながら今日に至ってはいるのですが。

（二〇一七年八月二一日）

私は、嘘は申しません？

市役所勤務時代のこと。担当したどのセクションにも対応するのに相当な時間とエネルギーを要するクレーマーがいた。その中には部署を問わず、何かにつけ申し立てをするスーパークレーマーがいて、あいつが来ているぞということが庁内のあちこちに雰囲気で伝わるというようなことであった。

ある日その一人からの電話、私は環境部長だった。

「お前のところの嘘つきの課長のことやけどな」

「誰のことですか」

「K課長やないか」

「いきなり嘘つきとはおだやかではありませんね」

「嘘つきやから嘘つきと言っているのやないか」

「K課長は、嘘はつきません、そもそも公務員を嘘つき呼ばわりするのは侮辱する行為です。その発言を取り消してください。」

「なんやとすぐ行くからな」「お越しいただいても、電話での発言を取り消して謝罪されるまでは、お話しするつもりはありません。」ガチャリと電話は切られた。

もう半世紀以上前の出来事、「私は、嘘は申しません」と国会で答弁した総理大臣があった。議会での質疑、そのあとの報道も、政治家が嘘をつかずにやっていけるはずがない、あくまでも建前、大人の対応として、そうですよね、嘘はつきませんよね、ということであったような印象が残っている。中学生のもつ社会性でもそれくらいのことは理解できた。

市役所での嘘つき呼ばわりのやり取りの後、ふとそのことが思い出されて、K課長は仕事の場面で嘘をついたことはないだろうか、翻って私は嘘をついたことはないだろうか、という自問が始まった。確かに三年ほどの期間にK課長から嘘をつかれたという自覚はない。そもそも密な仕事をするKさんは、判断や報告にもほとんど誤りのない人だ。

では私はということになるが、確かに事実を捻じ曲げた嘘をついたという記憶は、ないように思えてきた。早とちりの性格が災いして間違ったことを言って謝ったことは多すぎて思い出しきれないくらいある。自慢ではないが市議会で公式に発言の間違いを謝罪したこともあれば、産経新聞の社会面に写真付きで謝罪の記事を書かれたこともあるほどだが、嘘をついたことが明らかになって進退窮まるということはなかった。もちろん、嘘をついていても誤りでしたという逃げ方があることも確か。

嘘をつくわけではないが、「事実を言わない」ということは、たしかにある。説明責任が強く求められるようになってきてからは、そのことについては言えませんということはできない場面も多いのだが、一〇個の事実について八個は説明するが二個は問われていない限り触れないというようなことは時にあることだ。

厳しい問いかけにあっているときに、防御のために必要以上に言葉を弄する場面を目にすることがある。しかし多くの場合は、事実が正確に伝わらず、事実でないことに足をすくわれるようなことになりがちではなかったか。ただ問われていることに答えないということには覚悟が必要なことも事実。説明責任を回避したということについての責任は、どのようなペナルティが課せられようとそれは引き受けなければならない。

森友・加計問題では、関係者の多くが明らかな嘘をつき、説明責任を回避した。公務員が嘘をついてはいけないのは、民主的な行政の執行は、事実に基づいた説明がなされるということによって成り立っているからだ。少なくとも嘘が嘘としてまかり通ることはないということが担保されていなければならない。

しかし米国では、公的な場面で嘘をついてはいけないという民主主義の根幹の一つが揺らいでいる。フセイン政権を倒したイラクへの戦争の根拠となった化学兵器は存在しなかった。これは事実誤認であったとしても開戦ということの重大さに鑑みれば責任重大である、ましてや嘘であったとしたら。

トランプ大統領発言のファクトチェックの結果は、数千項目の事実誤認を指摘しているが、その訂正はなされていないという。誤りの訂正をしないことと嘘を言うことはほぼ同等の責任を負う。同様の事態が日本でも起き、民主主義の行く末を多くの人たちが心配している。

湾岸戦争時の米軍の司令官で後に国務長官を務めたコリン・パウエル氏が「リーダーを目指す人の心得」

私は、嘘は申しません？

という著書でこんなことを言っていた。「彼らは質問を選べる。君は答えを選べる。答えたくない質問には答えなくていい。もちろん嘘やごまかしはいけない。だが同時にあまり実直なのもあけすけなのもよくない。」記者会見に臨むときの心得としてだ。

『私は、嘘をつきました。』と嘘つきの総理大臣が言った。」というのも困るのだけど。

（二〇一八年二月一日）

矜持

福田元財務次官が辞職を表明したニュースを見て、家人から「次に次官になれる人は喜んでいるでしょうね。」というコメントがあった。思わず「そんなことはないでしょう。」と私は答えた。今どんな公務員たちが国の重要なポストに就いているのか、当事者ばかりでなく国民の多くが気付いてしまっただけに「私は公務に関しては嘘をつかない。」という矜持を持っている人は、喜んでいるどころかそのような職務に就くことに躊躇いがあるにちがいないと思ったからだ。

とは言え、そんな矜持がほんとうに保てるのかどうか、自分がどうであったかとの自問に行き当たる。強面の人が窓口で「市長を出せ。」と猛っているとき、居ることが分かっていても「市長は不在です。」と答えなかっただろうか。この嘘は、悪い嘘ではない。この手の場面では、猛っている当人自身が、その答えを前提にしていることもある。ついてもよい嘘であるかもしれない。

今のＮＰＯの職場でのできごとである。ややこみいった電話のやり取りをしていたスタッフが、私の目の前で「代表は今おりません。」と答えたのを聞いて、赦される嘘だと思う反面心の中に引っかかるものがあった。どんなことも厭わず障害者と向き合ってきたベテラン職員で、全幅の信頼を置いている人ではあるのだが。

「忙しくしている私への配慮はありがたいのですが、いる場合は出ますので居留守は避けるようお願いします。」「でも出られないときってあるじゃないですか。」「その時は、出ることができません。私の意思が分かっている場合には、会うつもりはありません。でいいと思います。」「トラブルの種をまいているように思いますが。」というやりとりが続いた。

このようなトラブルを避けるための嘘をつかないことが、大事なことでの嘘を避けるトレーニングであったのではないかとも考えられる。しかしである、パートナーからの暴力から逃げている人を匿うための嘘は、と問われれば小声でつきます、と。嘘をつかない公務員というのは、それはそれで大変な存在でもあるわけだ。

そんな職業倫理的に大変な自治体職員ではあるが、その職員が主人公として描かれているテレビドラマや映画が作られることはめったにない。刑事や医師のドラマが放映されない日は一日たりとてないことを思えば、自治体職員の仕事はドラマチックな職業ではないということなのだろう。とはいえまったくないわけではなく、二〇〇六年に高知県庁を舞台にした劇場映画「県庁の星」が作られ、一九七七年には松戸市役所の取り組みをベースにしたテレビドラマ「すぐやる一家青春期」が放映されている。

そして何より一九五二年に制作され、ベルリン国際映画祭で特別賞を取った黒澤明監督の「生きる」がある。一人の公務員の生きざまが世界に配給され、国境を越えて多くの人々の心をとらえた。退職を目前にして住民が要望している公園を整備し、住民の声に寄り添う市民課長の決断を印象深く描いた作品だ。

一般的には、ふつうはあり得ない公務員の姿を描いたことのドラマ性が言われているようだが、そんなありきたりのことで世界中の人々の心が動かせるはずはないのであって、この映画は、自治体職員の誰もが、いや組織のもとで仕事をしている誰もがもっている思いを深く描いたからこそ、世界の人々の心をとらえたのだ。

命を懸けて住民に寄り添う行政職員の存在はそんなに稀有なことだろうか。日本社会の生産現場にかかわった行政職員には実際には普通にあったことではないだろうか。江戸時代に天草の乱の後に赴任した代官の鈴木重成は、乱後の復興税の半減を幕府に申し出たが反応がなく、切腹をして訴え、六年後に減免がかなえられている。義人と呼ばれる人々の石碑は全国にあまたあり、記録に残されていないささやかな役人の行いは普通にあったのではないだろうか。

自らの使命感に従うことが、組織の命じることと相反するときにどちらを選択して行動するのか、大小はあっても組織で働くだれもが抱える苦しさ、特に自治体職員には、住民に寄り添うという本源的な職業倫理があるだけに映画「生きる」ではないが、いつでもつきまとう悩ましいことなのではないだろうか。ときにはそのために大嘘をつくことだって必要な場面があるのかもしれない。

（二〇一八年五月二三日）

奇跡のピアノ

こむの事業所のレストランでホールサービスの仕事をしていた障害者スタッフの中村さん（仮名）が、仕事に出ることが難しくなってから五年ほど過ぎたころ。それまで時々電話をしたり、ファックスのやり取りをしていたが、電話にでることさえも難しくなってからも随分の日々が流れていた。

寒さも緩み始めた春先のころ、こむの事業所のことを随分ひいきにしてくださり時々レストランでコンサートを開いて、障害者や子どもたちなどたくさんの地域の人を音楽の力で癒し、励ましてくれていた音楽家滝さん（仮名）から、グランドピアノはいりませんかという声掛けがあった。練習で使っていたグランドピアノを寄付しましょうという申し出であった。

驚天動地とはこのことか、一瞬時間が止まって目に映る画像は静止画像だ。言葉も出なかった。

「かえってご迷惑になるのかもしれませんね。えてして寄付は押しつけになることがありますから。不要であればいらないいってはっきりおっしゃってくださいね。」「め、滅相もない。いただきます。」言葉に詰まりながら、「ありがとうございます」と深々と頭を下げていた。

その半年くらい前のこと。こむの事業所の隣のテニスコートで毎年開かれる夕ぐれコンサートの会場に中村さんの姿があった。事業所の仲間と楽し気に話をしている姿を目にして、なにか復職の足掛かりはないものかと思い、支援する職員から声をかけるのだが、五年間ものブランクを超えて出てくることには強い抵抗があったようだ。

何かないかずっと考え続けていて、ふっと思いついたのがピアノだ。彼女がまだ出勤できていたころ、隣の大型児童センターのクリスマスコンサートにコーラス隊で出演したとき、ピアノ伴奏をやってくれていたのだ。単にうまいというだけでなく、一〇人ほどのバラバラの歌声をまとめる力があるピアノなのだ。

思いついたのはそのピアノを仕事にできないだろうかということだった。ただそのころは、事業所の経営が厳しく、ピアノの購入は難しかったため、中古のピアノを探し歩いていたのだが、なかなか出会えず、半ばあきらめかかっていたところに滝さんからの話が、まるで天から舞い降りてくるようにあったのだ。

「レストランでのピアノ演奏を中村さんの仕事にする。レストランこむずをピアノの生演奏が流れる宝塚で一番の店にする。そのために中村さんの力を借りよう。」支援のスタッフは何を言い出すのかと思ったかもしれないが、もう明日からでも演奏が始まるような思い込みのはげしいことでもあった。

そして一目で大切にされてきたことが分かるピカピカのグランドピアノが運ばれてきて、滝さんから引き渡しをいただいた。その強い思いがそうさせたのか、ずっと前からレストランの窓際に置かれていたかのように据えられていて、もう中村さんの指使いを待つばかりの空気が漂っている。

「ピアノが来ました、弾きに来ませんか。」というスタッフに、中村さんは躊躇をみせなかった。まずお客さんがいない時間帯に一時間くらいの練習にきてみて、やがてレストランのサービスに一時間、縁起物のエビス面に目や口を書き入れる仕事に一時間、以前に経験したお掃除の仕事を一時間という具合に段階を追って徐々に増やしながら、ついに週三回レストランでの演奏がはじまった。

今では月水金は午後一時から三〇分、火木は午前一一時から三〇分、クラシックだけでなく耳になじんだポピュラー音楽も流れる。選曲はすべて中村さんだ。今ピアノ演奏とホールサービスの仕事で週二〇時間を超える立派な労働者だ、同時に食事のお客さんのハートをつかんだアーティストでもある。

今スタッフたちはその楽器を「奇跡のピアノ」と呼んでいる。

（二〇一八年一〇月一一日）

王様のいる国、いない国

「今の世界で王様のいる王国の名称を挙げてください。」五年間通った大学の授業で毎年欠かさなかった質問だ。まずは誰でも知っている「イギリス」の答え、たいていはそのあとがなかなか続かない。そこで「ノーベル賞は王様から授与されますね。」とヒントをだすと、「スウェーデン」さらに「ノーベル平和賞は?」と聞くと、「ノルウェー」と答える学生はいる。しかしそこまで。「オランダも王国ですよね。」と畳みかけると、ほとんどの学生は、「そうだったっけ」という顔をしている。

「ヨーロッパの国ばかりでしたが、アジアでは?」「ブータン」の答えは、同国王夫妻が来日した年だった。タイやブルネイ、ネパールどころか、日本という答えもない。最も天皇は王様とは違うということかもしれないが、立憲君主国ということでは、王様のいる国である。

では王様のいない国は、という問いには、フランス、ドイツ、イタリア、アメリカ、中国、韓国などすぐに答えてくれる。では、「王様のいる国は、王国と言いますが、これらの王様のいない国は、なんと言いますか。」という問いへの答えは、五年間なかった。

社会福祉士試験の一科目「福祉行財政と福祉計画」の授業を受け持つことにしたのは、韓国ソーシャルワーカー協会の会長をされている故郷の家の尹基さんが、ソーシャルインクルージョン推進会議で、日本のソーシャルワーカーの弱点は、ソーシャルアクションだと指摘される場面に何回か接したことがきっかけ。社会サービスの不足に向き合い、社会資源を開発するためには、福祉行財政への理解がソーシャルワーカーに不可欠と考えた。

そのソーシャルワーカー、社会福祉士の資格試験は、なかなか難関といわれる国家試験だ。その問題を見てみると、ソーシャルアクションのための制度理解という観点は乏しい。もっとも五指択一という設問形式では難しいのかもしれない。

閑話休題、社会サービスの大半は、税や社会保険料で賄われ、国家の制度として運用実施されている。かつて半世紀前に「ゆりかごから墓場まで」と称賛された、英国とその連邦国オーストラリア、カナダとそれに続き、日本の福祉関係者のあこがれであったスウェーデンやデンマーク、これらの国々が「福祉国家」と呼ばれていたことは、記憶に新しい。しかし今では「福祉国家の終焉」の議論も終焉したかのようで、「福祉国家」は、もはや死語のようでもある。

四半世紀も以前のことであるが、龍谷大学の岡田藤太郎先生に「もう福祉国家の時代ではなく福祉社会の時代ですよね。」と問いかけた時があった。先生からは「ほんとにそうでしょうか、福祉国家の次と考えるなら、私は世界福祉だと思っています。」とたしなめられてしまった。社会福祉の土台は、あくまでも公的な社会制度にあるということ。

英連邦国からオランダ、北欧諸国、アジアでは日本へと、二〇世紀後半の福祉国家をけん引した国々が立憲君主国であったことは、あらためて着目してよい。国民の分断ではなく統合ができてこその福祉制度であり、その統合のカギとして王様が存在した。

ところが現在では、国内総生産に占める社会保障費の割合が最も高いのは、王様のいない国、フランス。後を追うドイツも連邦共和国。フランスは知られるとおり、君主を排除して強力な共和制国家「国民国家」を築いた国。国家と国旗と愛国心が統合のカギと言われている。アメリカもその延長だろう。

一方ドイツは、君主国から第一次世界大戦後の独裁国を経て現在は連邦共和国だ。東西ドイツの統合からメルケル前政権までフランスのような統合のカギは見当たらない。強いて言うなら通貨マルクであったかもしれないが、それもEUの誕生でなくなった。もちろんEU統合のカギはユーロであることは間違いなく、ドイツがその強力なリーダーとなった背景には、統合のカギとしてのマルクを率先してユーロに転換したことがあるとも。

EUは、このユーロをカギとして、ゆるやかな統合によって参加国の国民間の平和と幸福を築こうとする壮大な実験であったはずだが、BREXITや域内の民族主義の高まり、移民の排除など分断の危機にみまわれ、国家の分断や国民の分断は、世界中で深刻の度合いを高めている。それが社会福祉の破壊につながることは言うまでもないこと。

二五年前神戸市で開かれた国際福祉シンポジウムでのこと。スウェーデンの代表から「ノーマライゼーションの理念を実現するための手段としてのインテグレーションの推進」という発言を聴く。さらにその深化として「ソーシャルインクルージョン（社会的包摂）」の言葉を目にしたのは、その数年後のこと。これらの言葉と理念への挑戦から、社会の真の発展が何かを理解することができるようになったところに、分断の嵐が襲ってきた。この事態をどう乗り切ればよいのだろう。

社会福祉の基礎は公的制度にある。多様な価値観や文化を背景として暮らす人々が分断されるのではなく、統合され、さらに社会的に包摂されるコミュニティが、地域で、さらに国家として築かれることが求められているにもかかわらずだ。

その逆風に抗い、今こそ、民族や宗教が異なる人々の共存を促し、経済的貧困から社会に居場所をなくした人々や様々な暮らしにくさを抱えている人々に希望の光を照らすときだ。社会の富を独り占めしようとするのではなく分かち合う社会を築いていくこと。その統合と包摂のカギは何か、平成天皇の皇位継承という節目にあり、社会の統合と包摂の象徴としてどのような存在であるのかも同時に考えるときだ。

（二〇一九年一月二一日）

一時間から三七時間三〇分へ

こむの事業所で働くCさんはこの四月、パート職員から常勤職員になった。勤務時間は、正規職員と同じ週三七時間三〇分の勤務。これまで週二四時間勤務であったため健康保険や厚生年金への加入ができなかったが、週三〇時間を超えようやく自立した労働者としての社会的権利を得ることになった。

Cさんがこむの事業所で働くきっかけになったのは、宝塚市教育委員会が運営している不登校の児童生徒支援施設「ＰＡＬたからづか」で活動している先生からの切実な訴えからであった。「私たちが支援している子どもの一人が中学卒業後数年たって仕事に就けていません。なんとかこむの事業所で働かしてもらえないでしょうか。どんな仕事でもいいんです、無給でもいいんです。行くところがないんです。」ということであった。

そもそも何年も通学できていないのに卒業させられるということに、驚いた。あげく行くところがなくて、先生たちはボランティアでその生徒たちにかかわりつづけているというのだ。話を聞いていくと、いきなり週二〇時間働くのは到底無理で、まず週一時間から、そして自分で来ることができるようになるまで先生が付き添うというのだ。

「わかりました。今度の日曜日から清掃の仕事に来てもらいましょう。たとえ一時間でも来てもらうからにはしっかり仕事をしてもらって、兵庫県の最低賃金ですが時給七四〇円と通勤手当を支給します。」Cさんのような人のためにこむの事業所は作られたのだ。

まだ事業を始めてから二年もたっていないころのことで、事業自体がよちよち歩きの手探りの状態であったところに、どのようなところでこむの事業所のことをお聞きになったのか、今では知る由もないが、シンプルなやりとりでCさんの仕事が始まった。

こむの事業所の隣にある老人福祉センターと大型児童館の複合施設「フレミラ宝塚」は、月二回の休館日以外は、ずっと開館している宝塚市立の施設。ちなみに私が宝塚市職員であったときに計画設計に携わったなじみの施設で、宝塚市社協が指定管理を受けて運営している。その清掃をこむの事業所が請け負っているという関係にある。

二〇一一年五月に障害者就労継続支援事業A型の指定を受けると同時に始めた仕事で、障害者スタッフ四人と職業指導員という位置づけの二人のチームリーダーに加えて掃除機を専門に扱う人や土日だけの人など、四人のパートタイマーを加えて業務をこなしていた。即戦力とはいかなくても、できるかぎり短期間で仕事をマスターして戦力になってもらわなくては、事業経営への影響が大きい。日曜日の朝七時からの勤務ということでスタートした。

現場のスタッフには、一時間だけ支援の先生がしばらく付き添って現場にはいるので、よろしく頼みますということだけを伝えて、Cさんの仕事はスタートした。Cさんがどんな人で、どんなことがあって学校に行けなかったのか、聞くスタッフもいなかったが、聞かれても私自身が何も聞いてはいなかった。障害者スタッフを雇用する場合もそうなのだが、知的、精神、身体という障害のカテゴリー程度は伝えても、知的や精神のどのようなことが働くうえで課題なのか、どんな配慮が必要なのか現場に伝えきれてはいない。私自身がよくわからないので、現場で接しながら現場で考えるしかないということ。

なかには医師の診断が抑うつ症から統合失調にかわり、さらに発達障害に変わった人もある。自閉症ということを聞いていても、こだわりが強い人もあればあっさりした人もある。そんな融通無碍な診断を自閉症スペクトラム（虹色のあれですね。）ということでくくられているくらいだから、あらかじめ対応を考えるのはどだい無理な話だ。

Cさんは「障害者」ではないが、社会とつながりにくいという点で困難をかかえている人なのだ。が、なぜそうなったのか、どんな環境であったがためにそうなったのかは、現場で仕事ができるようになるために必要な情報ではない。今になって思えば、知ってしまえばマイナスになったのではないかとさえ思える。

そしてCさんだが、先生の付き添いは一か月でいらなくなった。その数か月後には、週四時間に、さらに民間のこぢんまりとしたマンションの清掃がもっぱらCさんの専属の仕事になり、週一二時間の勤務になった。つまりCさんは大変仕事がよくできる人であった。Cさんの目標は明確になった。就労時間の拡大である。週四〇時間働くリズムをつけて一般就労を果たすこと、それを目指すことにはなったのだが、その道のりが長かった。

こむの事業所では、最低週二〇時間の勤務時間を維持することを大切な原則にしている。雇用保険が適用される基準なのだが、次のステップの目標は週三〇時間を超えて健康保険や厚生年金が適用されることだ。

その二〇時間がなかなか超えられなかった。「体力的にむりです。」身長も体格もりっぱな若者がそんなはずはないとは思ったのだが、現場の働きぶりを聞くと手をぬかずてきぱきと働く姿が他のスタッフの模範になっているというのだ。で仕事を終えるとへとへとになっているという。

勤務時間を増やすきっかけは、昨年の四月にリーダーの一人が退職して、新たに採用した年配の男性のリーダーが何事も前向きに取り組む人で、Cさんにも障害者スタッフのチームリーダーになってもらうことになったことだ。障害者スタッフひとり一人の作業をしっかりと把握して、大きな声を張り上げるでなく、的確な言葉で的確な指示を出し、必要なフォローを静かに続けるCさんが見られるようになった。

事業所スタッフ全体のCさんの見方が大きく変わって、Cさんの潜在能力をさらに引き出す取り組みが始まった。生鮮野菜や加工食品を販売するこむの市場の業務にチャレンジしよう、まず運転、人とのやりとりが苦手というが対面販売もできるはずだ。それには、数年前に一般就労したKさんが苦手を克服できたという実績があった。

そしてこの春から常勤職員へ、もう正規職員も間近だ。一般就労も選択肢の視野に入ってきている。昨年の秋からこむの事業所に来初めてこの三月に市内の企業に就職したNさんは、時々遊びに来て、ではなく古巣のこむの市場を手伝いに来て、お菓子を差し入れてくれたりして、みんなの励みになっている。

こむの事業所は、今年一〇周年を迎える。二〇人の障害者スタッフと七人の社会とつながりにくい若者と二四人のスタッフとが、力を出し合うソーシャルファームとして次のステップを迎えようとしている。

（二〇一九年四月二九日）

悪魔の囁き

ある日突然気が付いたこと、「ささやかな煩悩の実現」。ちゃんと働きたい、お金が欲しい、遊びたい、異性の友達が欲しいなどなど、たいそうなことではない本当にささやかな誰もが持ってしかるべき切望を、その僅かでも最低賃金でかなえることをともに目指そうではないか、というのが、この一〇年間やろうとしたことではないかと思った次第。

その賃金、お金はわずかだ、大金ではない。その小金で贖おうとする欲求も無限に拡大するような強欲ではなく、控えめな欲であることを私自身が学んだ、というより学ばせられたということ。

おおよそ九年と半年前にソーシャルファームを旗印に掲げ、すべてのスタッフに最低賃金と雇用保険の確保を厳守することを原則にして事業を始めた。しばらくして、事業活動の第一の目標として労働時間が週三〇時間を超えて社会保険が適用されることをあげ、第二の目標として生活できる賃金をあげ、二つの目標は、五〇人のスタッフに共有されていると思う。

と言いながら、毎年繰り返される最低賃金の大幅な改定を追いかけることが精いっぱいで、ボーナスも出せていない現実。なんとか年間一か月、できれば三・五か月くらいのボーナスは出したいということを言い続け、売り上げを増やすための努力をスタッフに求め続けてきた。その結果二〇一八年度の事業収益が一億円を超え、四年続いた赤字決算が黒字に転化するところまではきた。

お金儲けは必要だけどどこまで？ある日面談したスタッフから問いかけられた。まだそんな状況ではない、事業が持続可能な状態にさえ届いていないというのが率直な思いなのだけど、とりあえず日本の平均的な給与のレベルと答えたのに対して、清掃や調理という今の事業種でできないのではという答えが返ってきた。

仕事が増え、給料が増えることはいいことだが、それが本当の目的ですか。違うでしょう。それは手段で目的ではありませんよね、そのとおりです。ソーシャルファームはビジネスによって一般就労が困難な人たちの仕事を創り出すことを目指す事業の形である。しかしそれは、やりがいのある仕事と必要な賃金を得てスタッフそれぞれが尊厳のある暮らしを確保するための手段でなくてはならない。手段と目的が入れ替わってはならないのだ。

経営の神様P・F・ドラッカーがビジネスの基本について著書「マネジメント」で述べていることは、ビジネスを成功、持続させるためには正しく、必要なこと。彼が言う顧客志向とイノベーションを欠いてはこむの事業所も立ち行かなくなることは明白だ。ただ企業が、お金儲け、すなわち利潤をあげることを許されるのは、企業活動を通して社会に必要な財とサービスを提供し、人間社会を支える活動をするからであって、利潤自体が目的である企業活動はあってはならないと明確に述べている。

さてそこだ、企業も個人もお金を得ることが目的化されることを簡単に防ぐことができるのだろうか。

経営の神様は、半分のエネルギーをそこに注ぐべきではなかったのではないか。こむの事業所のスタッフが問いかけたことは、ドラッカーに対する痛烈な批判を含んでいたのである。

ただお金、貨幣が本源的に有する手段の目的化という磁力に対して、貨幣論の泰斗《たいと》も実践的な経済学者もあるいは哲学者でさえも、抗うことができる一般法則を見いだすことはできていない。ことドラッカーのみを責めることはできない話。しかし、ビジネス社会を人間社会の規範に近い形として示した責任からは、この問題を避けた罪は大きい。

（二〇一九年八月六日）

頭がよいとよい頭

七〇歳を目前にして初めて気づいたことがある。頭がよいということとよい頭とは違うということ。回転が速い、切れる、頭がよいなどなど、日常会話でよく聞く言い回しで、少し羨望も交えて頻繁に人物評価に用いられる。時には強烈な自負心として言外に露わにまとう人もある。それは学歴以上に社会的な評価の物差しであり、今日の世界ではどの地域、どの社会でも「頭がよい」のは良い事とされる。

かつて一緒に仕事をした仲間の一人は、驚異的な能力を持っていた。宝塚市に勤務していた時のこと。市長あてにフランス語の手紙が届いて、秘書課の職員が何とかしてくれと私のところに持ってきた。確かに第二外国語は仏語だったが、手元に辞書もなくできるわけがないとつき返そうと思ったが、ふとM君に頼んでみた。その場で辞書も使わずに便箋三枚ほどの仏語が日本語になっていた。

彼とは一年ほど別の職場でのやりとりがあって、ほとんど説明をしなくてもポイントを外さないことに感心し、引き抜きをやったのだが、その時のM君の所属長からは、「あいつは大変だ」との評がついてきた。しばらくしてその意味が分かったのは、私の判断の誤りが的確に指摘されたときだ。なおかつあなたの指示に従えませんと明言された。なるほど只者ではないと思った。

そんなこともあって、もしやと仏語の翻訳を頼んだら案の定だった。第二外国語は仏語だったのかと確かめたら、いやドイツ語でしたとの答え。何か面白くなって、飲みに誘い印象に残っている読書歴をひけらかしていると、私が読んだ本のほとんどを読んでいて、志賀直哉に話題が及んだとき、「暗夜行路」の話題にした個所の文章をそらんじるのだ。

英語、独語、仏語の他に何がと思わず聞いてみると中国語がすこしとラテン語は専門でやりましたとの答え。研究したのは言語学ということなので冗談半分に手話や点字もできるのではと聞くと、はいと言う。そういえばそのころよく流行っていたクイズ番組に出ているという噂を聞いていたので、聞くと、ほとんどの番組に出ていて、七〇〇万円くらい稼いだとのこと。勝ち抜くこつは、一月間くらいの週刊誌と月刊誌を全部読むこと、出題者はほとんどそこから出しているというのだ。

なかなかハードな職場だったが、知的な刺激を得られて、仲良く仕事をこなし三年で別の職場に変わった。そのあともM君への期待は変わることなく、いずれまた政策を企画実現する仕事を一緒にやることを楽しみにしていたのだが、四年くらいたったころ、大阪城公園で自死しているのが発見されることになった。理由はいまだに謎だ。

今にして思うことだが、頭が良すぎることは幸せをもたらさないということではないか。幸いM君はその優れた頭脳を他者を不幸にしないよう、できるかぎり幸福をもたらすように使っていたが、自分自身の幸福には使いきれなかったということだ。

M君のような優れた頭脳の持ち主たちは時には愚劣な権力の先兵となって、人々を不幸に陥れることがある。太平洋戦争では四〇〇万人もの命を奪う亡国の大敗を喫したが、負けるとわかっている戦争を始めたのは、成績優秀な軍人たちではなかったか。ユダヤの人々を率先して殺戮したのも知的、身体的に優れた人々ではなかったか。自身の不幸ばかりでなく、他者の不幸をもたらす優秀な頭脳には、何か欠落したものを感じるのだが、その正体はなかなか掴むことができないでいた。

動物の神経には、交感神経と副交感神経があって、本来精神も身体も暴走を制御する機能が備わっている。つまりアクセルとブレーキがあって生物の生存が確保されているということであろう。そうであれば、頭脳の働きにも人が幸せになるために、回転を速める機能と暴走を止める機能が備わっている性能のよい頭脳があるのでは。

回転が速いか、記憶装置が優れているかということより、自分にも他者にも幸せをもたらすことができるか、そのために適切な制御がなされているかという、バランスのとれた頭脳が「良い頭」として評価されるべきではないかと思うようになった。評価の指標は幸せ、それを結果でみる。知的に社会的適応が難しい人たちが、家族や職場の同僚たちに幸せを運んでいる姿を目にすると、良い頭の持ち主であるとつくづく思う。

やがて、人間を凌駕すると言われているＡＩにこのことを当てはめれば、どう考えてもブレーキがなくてアクセルをひたすら踏み続ける頭脳。頭は良いのだが良い頭ではない。大きな不幸をもたらす危険いっぱいの頭脳であることを踏まえて、用心深くつきあわなければ、人間に大きな不幸をもたらすことは目に見えている。

（二〇一九年一二月一五日）

「一粒のビーズと人間ひとり」奴隷貿易から四〇〇年

豊臣秀吉が特に優れた為政者であったとは言い難い。が、一つだけ評価できることがある。一六世紀まだアフリカ大陸から北アメリカへの奴隷貿易が始まる前の話。南蛮貿易の輸出品として人を扱うことを勧められたおり、秀吉は激怒し断固として断った、そのことが鎖国政策につながったというのだ。当時の日本に人身売買がなかった訳ではない、しかし当時形成されつつあった国家という観念の下で、今風に言えば国民を他国に売り渡すということには、黄金好きで知られた秀吉といえども耐えられなかったのだろう。

記録に残る最初のアフリカ人奴隷が北アメリカに送られてから、今年八月で四〇〇年が経つという。一九世紀前半までにヨーロッパの奴隷貿易商の手で大西洋の向こうへ運ばれていったアフリカ人は、子どもも含めて何百万人にも上るとのこと。

聞き伝えでは、過酷な奴隷船の中で大勢が亡くなり、生きてアメリカに渡っても惨めな生活とつらい農作業に耐えなければならなかった。

その一方で、西アフリカの王国の支配者達は、奴隷を売って、銃や布、酒、欧米の工業品などを手に入れたのだ。マッチ箱などを得るために子どもたちを差し出した村の長老たちだった。

今では目にすることは少ない、シェブロンという一六、一七世紀ごろにベネチェアで作られたトンボ玉が、ヨーロッパからアフリカへたくさん流れてきた時期があった。再現が難しいということもあって人気のある宝飾品のよう。その一粒一粒がアフリカの人と交換されていたことを思うと、人間の欲望の恐ろしさを感じざるを得ない。

そのガーナの奴隷貿易の主要な拠点の一つで、象牙海岸に面しているエルミナ城は、奴隷貿易の歴史を語る博物館として世界中から人が集まる人気の観光スポットだ。訪れたのは二〇年も以前のことになる。その博物館で最も印象深かったことは、ガーナの人々をヨーロッパ人に売り渡したのはガーナ人だったということ。そのことへの深い反省を込めたメッセージが展示のコンセプトであった。

奴隷貿易は、北米での厳しい人種差別を作り出し、その傷はいまだに癒えていない。一九六〇年代の米国の公民権運動は、法律上の人権の確立という点では大きな成果を挙げたが、差別をなくすことまではできなかった。その過程で奴隷制度を利用して富を築いたり、奴隷貿易に手を染めた白人たちへの指弾があり、アフリカの人々は被害者という固定的な認識が強まり、私自身もそれにとらわれていたのが、博物館の展示で覆されたのだ。

そして何よりも、自国の歴史の中にある負の遺産を世界中の人々の目にさらしていくという、ガーナという社会の勇気と品格に感動と羨望を覚えたのだ。そのころ、好きな言葉ではないのだが、国家の品格ということがよく言われていた。ほんとうの品格というのはそのようなことではないのかと当時思った。

その奴隷貿易への関心があって、ガーナ大学近くの本屋で面白い本に出合うことができた。「ＴＨＥ　ＳＬＡＶＥ　ＳＨＩＰ『Ｆｒｅｄｅｓｂｕｒｇ』」という難破した奴隷船の引き揚げ調査の報告書だ。ちなみにデンマークとノルウェーは、イギリス、オランダと並ぶ奴隷貿易国。調査の対象となった難破船はノルウェーの奴隷船だった。

そこに記されている資料の一つは、奴隷にされた人々の運搬の様子を平面図で解説したもの。その衛生状態は、想像を絶するものだ。ただその過酷な船旅では、奴隷としてつながれた人々と船長をはじめ船乗りたちとの間で、病で落命する人の割合が十数％でほぼ同じであることが、航海の記録として残されていた。この船の船長も亡くなり一等航海士があとをついだことも記録されている。

バイキングとして世界の海を荒らしまわった人々からすれば、船の上で命を落とすことに躊躇はなかったにしても、命がけの交易であったことのようだ。富を求める人間の究極の姿を垣間見るようなことである。そのような歴史こそしっかりと記録され、人々に共有されるべきことだろう。

（二〇二〇年一月二六日）

箱舟を自らの手で

この状況で先を見通すのは至難の業だ、と多くの人が思い、発言する。確かに新型コロナウイルスの感染状況は、人々の気持ちの持ちようとその結果としての行動のいかんによって大きく変動するために、今後の成り行きを予測することは難しい。しかし、すでにかなりの社会活動、とりわけ生産活動が休止を余儀なくされ、年単位の影響があるであろうことは、多くの人々が共通して考えうるところだ。

とりわけ、緊急事態に対応して休業あるいは廃業せざるをえなくなった事業所で働いていた人々とその家族の生活を護り、事業の継続を支えていくために国が現金の給付あるいは助成を行うことに躊躇する必要はなく、その財政出動にはほとんどの人が賛同することはまちがいない。

ただそのお金はどうするのだろうという素朴な疑問、不安は誰しもがいだくところだ。今はそんなことを議論している場合ではないという気分と、ただでさえウイルス禍の重苦しい気分のところにこれ以上嫌なことは考えたくないという思いのもと、ほとんどの評論家やジャーナリストたちが口を閉ざしている。

でも米国はすでに二兆ドルの財政出動を表明し、厳しい感染の状況に喘ぐヨーロッパの国々も、若干緩やかではある日本もなりふりをかまっている暇はなく、いわゆる真水、（あれこれたして六四兆円ではなく）、で数十兆円あるいは一〇〇兆近い財政出動が行われることに。

それで、その財源は赤字国債である。当面市中銀行と日銀と家計が引き受けることになるのだろうが、すでに満腹でぎりぎりのところでの大量発行であるから、確実に金利は上昇するだろう。もちろん海外での買受は不可能。

ただその後を追いかけてくる税収の落ち込みは、想像を超えたものになる。国民一人に一〇万円の給付を決めた時の麻生財務相の、必要でない人は受け取らないでほしいという談話は、本人はわかっていたかどうか怪しいが、財務官僚の恐怖心を表すものであった。

つまり、財政は破綻する。仮に税収が五〇％落ち込んだら現行の社会システムを維持するためには約五〇兆円の赤字国債が必要になり、それを引き受けるところはもうない。それでも暮らしを守っていくために日本銀行券を際限なく発行し続けなくてはならず、文字通りのハイパーインフレが現実のものとなる。

問題は、このような事態が、新型コロナウイルスの感染と同様に、世界で同時多発的に発生する可能性があるということだ。とりわけ食料自給率が四〇％以下の日本では、生存の土台である食料のひっ迫というのっぴきならない問題が差し迫っている。

ではどのように私たちは生き延びていくか。そのモデルをどこに求めるか。そうそのとおりノアの箱舟がそれ。

二五年前阪神淡路大震災発生後膨大な数の避難所が開設され、多くの被災者の暮らしをつないできた。その避難所のあるべきすがたこそ、私たちの共同体を持続可能にする処方箋であることを示している。

筆者は、自治体職員として災害救助活動を体験した中から次のような思いを持つにいたった。

「持ちつ持たれつお互い様」

船や飛行機が遭難して救命いかだに退避するとき、子ども、お年寄り、病気や障害のある人、を優先して、力のある壮健な人が避難を手助けします。大きな災害に遭ったとき、私たちは、市役所が決めた避難所に避難するのではなく、すべての住民を守るための避難所と名付けられた救命いかだに避難することなのですね。

そこでは水や食料を分かち合って命をつなぎますが、体力の弱い人を優先します。飲んだり食べたりができにくい人をサポートします。歌の得意な人は歌ってみんなを励まし、お話の好きなひとは、みんなの心にある言葉を紡いで、心を一つにします。お互い様、みんな自分ができることを誰かのために使います。そしてみんなで暮らしを再生していきます。

持続可能な社会、様々な困難に遭っても生き延びることのできる社会は、誰一人として失うことがない地域社会、誰もが自分の持つ力を、必要とする誰かのために発揮する、お互い様の地域社会に他なりません。そこでは子ども、お年寄り、病気や障害のある人にこそ、内からこみあげてくる力、エンパワメントが湧き出てくる支援がなされることになります。

とんでもない災害に遭遇したとき「揺れてるどないしょ!!」「よっしゃ、みんなで助かろう!!」そんな掛け声をあげたいですね。
（二〇二二年一二月二二日　宝塚市男女共同参画センター発行パンフレットから）

難破船で数年にも及ぶ漂流から生還した船員の漂流記からうかがえるその極意は、まず争わない「平和」であることと平和を保ち続けるための「分かち合い」がなされることであり、何より「最も弱い人を尊重」しながらみんなで生き延びようという「強い意志」。

社会が難破した時にまず最小のコミュニティである家族がその役割を果たし、地域社会、基礎的自治体、広域自治体、国、国際社会がそれぞれに平和と平等な分配を実現していくべきであり、今議論になりつつあるベーシックインカムもその具体策の一つとして議論し実施すべきことだ。

（二〇二〇年五月六日）

「宝くじは必ず当たる」

「宝くじは必ず当たる」亡くなった林忠良先生の言葉。母校関西学院大学では、新入生を人文ゼミにクラス分けをする。経済学部で仏語を第二外国語に選択し、イニシャルがKとMのクラスを担任したのは、宗教主事でキェルケゴールの研究者であった林先生だった。

入学した年は、東大の入試がなくなり、関学でも大学の封鎖が機動隊の手で解かれた時で、授業が始まったのは夏の終わりだった。それまで大学の教室は使えないので、西宮市の公民館や勤労会館、大学のキャンプ場などを借りて林ゼミの授業は行われた。授業は、それまで経験したことのないゼミナールのスタイルで、自由討議という趣き。後で知ったことだが、他のゼミではそんな授業はなされていなかった。

澤瀉久敬著『「自分で考える」ということ』やオルテガ・イ・ガゼット著『大衆の反逆』がテキストで、レポート提出が求められた。そんなある日、先生から神学書であるカール・バルト著『ローマ書講解』の英語版を渡され、読んでくるように言われた。当時は、教会の礼拝へ行かなくなって一年以上経っていた私への働きかけのように思われたことに加えて、辞書を使って英文を読むという習慣がなく、手に負えないテキストに閉口して、すぐに挫折した。以降事あるごとに「マツフジは勉強しない」と叱られ、多少の反発もあって、少し勉強らしいこともするようになった。

とにかく勉強の先生であったが、まだ出会って間もないころ、クラスメートの一人が「先生はデモへ行くことをどう思いますか。」と質問し、その答えは「デモはとても大切なことです。」ということだった。お墨付きをもらったということではないが、六・一三反安保、国際反戦デー、チッソ水俣株主総会などなど熱心にデモにでかけ、やがてアルバイトとジャズ喫茶へ通うことが日課の学生生活に陥っていた。

先生は、熱心な教師であった。一学年の終わりに自分で選んだテーマのレポートが求められ、それなりにテキストを読み込んだつもりで書いたレポートを提出すると、「つまらないことを書いて」と相変わらず手厳しいことであったが、折に触れ大学近くのアパートですき焼きをごちそうしてくれる優しい先生でもあった。そのある日のことである。先生から「宝くじは必ず当たるから、必ず買うこと。」という言葉を聞いた。ずいぶん酔っていたので前後のことは記憶にないのだけれど、記憶に刻まれた。

それからしばらくの間は、神の存在を証明するための単なる修辞だろうと解釈して済ませていたが、記憶から消えることはなく、授業やゼミで語る先生の言葉からは、社会とどう向き合うか、人とどうかかわっていくのかということはあっても、神の存在やキリストのこと信仰のことへの言及はなく、そのため一層先生の言葉への疑問が強くなっていった。

それから四半世紀を経て先生は大学を早期退職し、蓼科に居を構えて研究生活にはいられた。しばらくは会うことも少なくなっていたが、同級生が定年を迎えるようになると、時々蓼科を訪問してすき焼きをごちそうになるのだが、奥様を早くに亡くされて二人のお嬢さんを育てられた先生は、一人泰然と暮らしておられる様子であった。

近年になり、難病を抱えた先生の生活も徐々に支えが必要になり、病院の近くの賃貸住宅でしばらく暮らされたあと茅野市内のケアホームで過ごされるようになった。そんな先生に今考えていることのあれこれを伝えようと思い立ち、自治体活性化研究会のメンバーズレターに寄稿した記事を送り、しばらくして先生から葉書をいただいた。

それには、「君の記事に感動を覚えました」と記してあった。その時に「宝くじは必ず当たる」という言葉の真の意味、先生が若い学生たちに伝えたかった真意が半世紀の時を超えてわかったのだ。それは同時に先生が教育者として私たちに身をもって示し、伝えたことであったのだ。

メンバーズレターの記事の半分は、宝塚市役所あるいは退職後のＮＰＯでの具体的な仕事をとおして考えたことや遭遇した問いかけを書いた散文。常に自分に問いかけ、考え、行動し、顧みるだけのことで、なしえたことや評価を書き記すことはなかった。ただ書き留めることはできなくても、必ず社会のあるべき形への変容につながっているという確信を得ていることではないかと思う。それはあたかも、「いつかは必ず当たる宝くじを買いつづける」ようなことであるのだ。

なかなかくじが当たらなくて、災禍に遭遇することが続き、もう買うのはやめだ、と思うときのために先生が選んだもう一つのテキストは、浅野順一著『ヨブ記―その今日への意義』岩波新書。病という試練、最後には最愛の子息の命までも奪われ、神を呪うようなところまでいっても神を信じ続けるという説話に宝くじを買い続けるということの意味を学んでいたのだ。

もちろんいまだに宝くじには当選しない。しかしいつかは必ず当たるというゆるぎない確信はある。

（二〇二〇年一一月一日）

ペーパームーン

新しい一万円札の肖像が渋沢栄一に決まったことで、大河ドラマ、ドキュメンタリー、クイズ番組などなど、その人物像が語られない日はない様相である。お札とのご縁か、徳川昭武に随行したパリ万博からの帰朝後、渋沢が大蔵省官吏を経て創業した銀行、海運に続き三つ目に起こした事業は、製紙業であった。

その一八七三年（明治七年）に渋沢栄一の手で創業された王子製紙は、製紙工場が稼働する直前に経営が危機に瀕したが、税制改革（地租改革）で必要になった地券状用紙の大量発注を受けて危機を脱し、近代化の進展とともに発展を遂げ、第二次世界大戦をへて分割統合を繰り返した後、今日の王子製紙と日本製紙に引き継がれている。

産業の基盤として金融、運輸に続くものとして製紙業が意図的に創業され、近代化を支えてきた歴史は、今日の情報インフラに繋がっていく大河の一つではないだろうか。

昨秋、コロナ禍がややひそみかけたころに、就労継続支援A型事業所の優良事業所の認定証授与式に出席するために静岡市に行くことになって、かねてから一度お訪ねしたいと思っていた、自治体活性化研究会の白眉である杉本さんの地元富士市を訪れることに。

リモート参加ができたにも拘らず、リアル参加（わざとこんな言い方をするのもどうかと思うが。）したのには訳があってのことではあるが、旅行をひかえるべきときにあえて静岡市まで出かけるのだから、隣の富士市までという強い思いが働いた。

シンポジウムを兼ねた午後のプログラムを終え、待合わせの場所吉原駅に到着したころには日も暮れ、季節を先取りした寒さも加わり、少々心細くなりかけたところに杉本さんの穏やかな笑顔に出会えて旅の緊張が一瞬にしてほどける。

富士市は紙の町。これから乗車する岳南鉄道は、港から製紙工場へ材料の木材を運び帰りは製品の紙を運ぶために設けられた鉄道だ。であるから工場群のど真ん中を走っている。

富士市の元職員杉本さんの企みは、富士市の一丁目一番地を、闇の中に輝く工場のライトで見せようという趣向。石炭コンビナートが二四時間操業する夜景を見ながら育った身としては、否が応でも工場萌のスイッチが入る。

富士市が、かぐや姫伝承が伝えられてきたまちでもあることは、以前に杉本さんからうかがっていたこと。だから岳南鉄道のホームに「ミスかぐや姫」が登場したことは、特に驚くことではない。かぐや姫とともに乗車し、あいにくの雨の中であったが、開け放たれた車窓からの眺めは、月に帰る姫を見送る星々のようでもあり、窓枠にはペーパームーンが貼られている。

紙の月は満月でなく十三夜の月で、中秋のころに望月と合わせて愛でると幸せが巡りくるとのアナウンス。「It's only a paper moon」も幸せを運ぶ歌ではなかったか。だがどうやらかぐや姫は月ではなく、富士山頂へ帰ったようである。少なくとも富士市の地域での伝承はそうだ。だからその電車は、富士のすそ野を山頂目指して登っていく。

その翌日富士山かぐや姫ミュージアムに案内していただいて、その言い伝えが記されているたくさんの古文書の一部が展示されていた。富士市の製紙産業は、明治の洋紙製造からではなく、江戸中期には富士川の豊富な水の恵みとして漉《す》かれ、「駿河半紙」として江戸で流通していたそう。おそらくそのずっと以前から紙すきは地場産業だったのだろう。

歴史家には広く知られた話である。史実あるいは作り話を記載した古文書の数量は、日本が一番であるそう。それは中国の一〇倍もあるというのだ。しかも中国で書かれたものがたくさん日本で保存されているので中国の研究者もその資料を頼りにしているそう。歴史は虚実相混ざり紙に書かれて歴史を紡ぎだすということだろう。

いつのまにか二千円札を手にすることはなくなった。一万円札は新版を出すということだが、やがてそれも電子記号に置き換えられることになるだろう。ペーパーレスの社会は、もう道半ばまで来ているのだが、これからの歴史は、どう記されるのだろうか。

紙に墨書された文書は、何千年も持ちこたえるという。今、歴史が記されている磁気ディスクやコンパクトディスクはハードとしては数十年が限度と聞く。USBメモリーに至っては心もとない限りだ。おそらく、大容量の記憶装置のわずかな部分を使って継承していくことになるのだろうが、ボタン一つで瞬時に消せる装置でもある。

中国では易姓革命が災いして、王朝が交代するたびに焼却されたが故、残らない。まさしく灰燼に帰すということ。電子信号でしか記されることのない歴史はそもそも存在しないのかもしれない。歴史をなくした人間社会は、果たして存続し得るのか。

数年前にこんな歌を詠んだ。

「天の川　かよふ月路は夢の中　きみのかひなよ　永遠にほどけそ」

というもので、友人間では評判が悪かったのだが、杉本さんには気に入ってもらった。詠んだきっかけは、プロの生演奏で「Ｆｌｙ　ｍｅ　ｔｏ　ｔｈｅ　ｍｏｏｎ」を歌う機会があり、翻訳を試みようとしたときのこと。ふっと月へ帰るかぐや姫のイメージが浮かび、いっそ和歌で意訳したら面白いのでは、と思いつき詠んだことをお話したら気に入っていただいたというわけ。これはやはり紙に墨書、下手でもいとをかしである。

紙の国で生まれたかぐや姫は、富士山頂に帰っていったというけれど、実はそこで一休みして月へ帰ったにちがいない。


（二〇二一年三月五日）

私が命がけであなたの命を守る（八月への思い）

アントニオ・ネグリ、マイケル・ハートの共著『コモンウェルス』にこんな記述があった。「過去には、愛国心が外国での戦争遂行を指示する主体性の生産を可能にした時代もあったが、今日ではこのメカニズムの有効性は限られている。」

つまり、第二次世界大戦で米国軍がヨーロッパや太平洋で戦闘する際に愛国心（ペイトリオット）を喚起し、それに応じる兵士の主体性を増殖することが成功して帝国主義侵略軍に勝利したという図式は、今日ではほとんど機能しないということを言っている。

記述は、「多くの場合、現代の占領軍は、何らかの形で傭兵によって構成されている。はるか昔、マキアベリが気づいていたように、『武装した民衆』は自らを駆り立てる主体性を生産するがゆえに、どんな傭兵部隊にも勝る。そしてどんなに進んだ科学技術をもってしても、こうした主体性の不均衡には太刀打ちできないのである。」と続く。

私は日本国憲法第九条をずっとこんな風に考えてきた。どんな軍事侵略も跳ね返すことのできる力は、この主体性にしかないしそれを欠く防衛軍は、兵器の質量の差で敗北するしかないと。つまり、防衛のための軍備、仕掛けられた戦争に戦争で対抗することの必然の結果は、再びの敗戦であり、今度は「戦後はない」ということ。

ネグり・ハートの意見とピタリとあったので、同じ見解らしいマキアベリの『君主論』をくってみたが、ずばりの表現は見当たらない。（元の版が違っているよう。読んだのは岩波文庫）それでもこんな記述が。「そこで言っておくが、君主がおのれの政体を防衛するときの軍備は自己の軍か、傭兵軍か、あるいは援軍か、混成軍かである。傭兵軍と混成軍は役に立たず危険である。・・・（略）・・・味方の前では勇敢だが、敵の前では臆病になり・・・（略）・・・わずかばかりの給金のため以外に彼らが自分たちの身を戦場へつなぎとめておく理由も愛着も持てないからであり、それとてもあなたのために命を投げ出すのにはあまりにも足りない額なのである。・・・（略）・・・今日のイタリアの破滅は、長年にわたって傭兵軍に全面的に依存してきたこと以外に、原因を持たないのだから。」

自衛隊がここでいう傭兵に当たるとは言い切れないが、いくら憲法第九条を改正して軍隊と言い換えたとしても本質が変わるわけではなく、マキアベリのひそみにならえば、徴兵制を敷かざるを得なくなる。しかし、世界では徴兵制を敷く国がもはや少数派であることを考えればそれは無駄というより、侵略を跳ね返すチャンスをみすみす失うことになる。という風に考えを進めれば憲法第九条を今のまま残し、自衛隊が持つ傭兵的な要素を小さくし、同時に併せ持つ志願兵的な性格を強めていくことが現実的なことなのかもしれない。

六、七年前に職のない若者への生活保護適用が議論されていたときのこと。「私に妙案があります。北朝鮮の脅威も高まっていますから、彼らに兵役の義務を課したらよいのです。」といった若者がいた。思わず「あなたはバカか。外からの攻撃を跳ね返すことができるのは、高い意識と情熱と能力を備えた兵士ですよ。生保給付と引き換えに命を懸けて戦う人がいますか。本当に守ろうと思うならあなたが真っ先に前線に立つべきでしょう。」というやりとりをしたことを思いだした。

ついこの間は、こむの事業所のスタッフの一人が、「中国は怖いですね、攻めてきても負けない軍備がいりますよね。」と言ったので。あなたの命を守るために命がけで戦ってくれる人がありますか。あなたは誰かのためにあなたの命をかけて戦う覚悟はありますか。」と問いかえした。

ベトナムで命を懸けて戦った米国の若い兵士たちは、その戦争が、自分の家族やその生活基盤を守る戦いではないことに気づかされ、正義なき戦いが非道な虐殺をもたらし、それに手を染めていることに気づいたとき、正常な意識を保つことができなくなっていった。ベトナムの兵士が家族や生活基盤を守ろうとして戦い、それを命がけで支える非戦闘員、そんな抵抗勢力との戦いに戦闘の目的がはっきりしない米国の兵士が勝利することは、絶対にありえないのだ。

つまり、身を挺して守るという意思と覚悟が、ひとり一人にない限り侵略を跳ね返すことはできない。憲法第九条は、「戦争」ではなく、ひとり一人の「戦い」によってこそ命と暮らしを守ることができるということを問いかけている。戦争ができる軍隊を持つことは、再び敗戦を招く危険性を限りなく高めることであり、二度目の戦後は絶対にない。援軍としての米軍が機能しないことは、マキアベリが五〇〇年前に

『君主論』で表したとおりだ。

（二〇二二年七月一七日）

＊この記事を書いた半年後にロシアによるウクライナへの侵攻が始まった。ネグリ・ハートの指摘は的中し、一年経ってもウクライナはひるまず、敗北することはないだろう。

（二〇二三年五月五日）

Ｃｏｖｉｄ―19と社会の病

先日ワールドニュースで、絶句するような報道がなされていた。アメリカ西海岸の医療機関でのこと。高度医療を担う地域医療の中核病院の医師の話。医療崩壊に直面しており、新型コロナ感染者の新規受け入れが困難なばかりでなく、コロナ以外の重篤な患者の新たな受けいれも難しくなっていることを、切々と訴えかけていた。

コロナ患者の容態が重篤化し人工心肺を使い始めると、治癒に向かっても二週間かかることが普通で、他の病気の場合より使用期間が長く、ＩＣＵのひっ迫をもたらす度合いが高いと。一時新規感染者の拡大が深刻になった関西圏でも語られていたことだ。

ここまではうれしくはないが、馴染んだインタビュー。だが運び込まれる患者も、受け入れを求める患者も、隣の州からの患者ばかりだということ。怒りを表すことのない冷静な訴えから、患者を選ばないという医師としての倫理に忠実であろうとする医師の苦悩がにじみ出ていた。

報道番組のレポーターは、その病院がスポケーン市にあること、新型コロナウイルスに感染し、発病して担ぎ込まれる患者が隣接するアイダホ州の住民で、一〇〇％ワクチンを接種していないことを、怒りを込めて発言していた。

その前日である。国内のニュース番組で大臣が、ワクチン接種を希望しない人への配慮を徹底しながら接種を推進してほしいと訴える映像が流れていた。「なぜ配慮を徹底しなければならないのか。」理解できない。翌日のワールドニュースで報道された、ワクチン接種を希望しなかったアイダホ州の住民が、感染発症して隣接ワシントン州の重篤者病棟を占め、本来の自州の通常の病やけがの治療を圧迫するという構図も、どう考えても理解できないことだ。

兵庫県の私たちの事業所が位置する地域では、新型コロナ感染クラスターの脅威が高い入所型の福祉施設を対象に、春先から先行してワクチン接種が実施され、高齢者と通所型の福祉施設職員への接種がその次に優先して実施された。その際に施設通所者が含まれなかった理由が理解できなかったことに加えて、変異ウイルスへの危機感も重なり、早期の実施を強く要請した結果、ほぼ一月遅れで実施されることになった。

スタッフが障害者スタッフの接種希望リストを用意し、二一人のうち三人の人が希望しないと言っているとの報告を聞いたとき、「希望ですか、違うと思う。接種に健康上の問題を抱えているかどうかを聞くべきでした。」と答え、この問題の重要さに気付くことになった。

その三人のひとり一人と面談をし、「本来ワクチン接種に選択の自由はないこと。健康上の問題があれば、しっかりとかかりつけ医に相談をして決めてほしい。」と話すと同時に、週刊誌などで接種の翌日に何百人亡くなったというような記事があるが、厚生労働省のホームページでは、翌日亡くなった人のワクチン接種との因果関係は、証明できていないと書かれていることを説明した。

漠然とした、根拠のない不安でワクチン接種を回避することが、事業所の日々に大きな脅威をもたらすことを恐れた。接種しない場合には、休業を求めることもあり得ることを言うつもりであったが、皆さん納得をして、二回目の接種を終えようとしている。正直に言えば、最終的には強要する腹積もりであった。その時には、人権の侵害として社会的に糾されることになるのか、大臣の発言にある配慮という言葉は、人権への配慮と聞こえていたのだ。

自由権の考え方の一つに「愚行権」というのがある。功利主義者として歴史の教科書に載っているＪ．Ｓ・ミルが示したもの。この権利行使の問題は、私がかかわっている宝塚成年後見センターのソーシャルワーカーからの相談に頻繁に出てくる。糖尿病予備軍のクライアントは甘いものが大変好きなのだが、グループホームの支援員が健康維持を最優先するあまり、お菓子を禁じていることへの疑問などは、典型的な例。

後見人は、被後見人の意思を最大限に尊重して生活を支援する役割を担っている。身体に悪いと分かっているお菓子を食べる「愚行」は、認められるべきだが、糖尿病を予防し健康を保つことへの支援も使命の一部であることは当然だ。で参考書には「最善の利益」（ｂｅｓｔ　ｉｎｔｅｒｅｓｔ）をどこに見いだすか、そのバランスではないかと書かれている。

成年後見制度の中では、「愚行権」は、被後見人の意思を尊重して人権を守るうえでの重要な役割をもつ概念であると同時に、毎日飲酒し、禁酒ができない私や喫煙をやめられないあなたにとっても、欠くことのできない自由権の一つとなっている。ただそれは、他者への危害を引き起こさない限りでという注釈付きで、アルコール依存症になり、社会への損害を起こしてはならないということ。

さて、新型コロナのワクチンを接種しないという自由は、この「愚行権」にも該当しない単なるわがままに過ぎないことは、一目瞭然だ。五〇人のスタッフの一人が理由なく摂取しないということになれば、事業所はその人の就業を拒否することができるはずだ。

ニューヨーク市では、ワクチン接種か感染が陰性の証明なくしては、職員の庁舎への立ち入りができなくなった。トランプ元大統領の支持者たちが、マスクをしない自由、ワクチンを接種しない自由を声高に主張していることから、感染し発病した人々がワクチン接種を推進した州の医療機関を脅かし、結果として医師としての高い専門職倫理に守られて病棟を占拠している姿は、深刻な社会の病をあぶりだしている。

それに無自覚な国務大臣の姿、無批判に受け入れている国民のありようは、米国のコピーのようでもある。

（二〇二一年九月一八日）

「MINAMATA」

フォトジャーナリズムが世界を動かすことは、確かにある。スペイン市民戦争、ノルマンディー上陸作戦のロバート・キャパ、ベトナム戦争の澤田教一、そして水俣病を鋭く告発したユージン・スミス。映画「MINAMATA」は、そのユージン・スミスが人生を賭け水俣に移り住んで撮影に挑み、世界に届けた写真集『MINAMATA』が生み出されるプロセスを描いた物語だ。

制作と主演は、パイレーツ・オブ・カリビアンやギルバート・ブレイクなど数々の映画での個性的な演技が印象深いジョニーデップ。彼は、ミュージシャンとしても確かな腕を持ち、ポールマッカートニーのアルバムで共演したり、ビールのコマーシャルで福山雅治とも共演している。

映画「MINAMATA」は、事実を限りなく忠実に描こうとする強い意思が伝わる、とても優れた作品に仕上がっていて、新型コロナウイルスに痛めつけられている今の私たちに、深い共感を抱かせる。余韻を残しながら、なにげなしにエンドロールを見ていて、キャストの三番目にジョニーデップ、その上に二人の日本人と思われる名前が刻まれていることに気づいた。その名前を正しく記憶に留めることはできなかったが、実際に出演した水俣病の患者ではなかったか。

映画に出演した水俣病患者を優先したエンドロールの順序に、この映画製作に向き合った俳優ジョニーデップの真摯さと、強い使命感を読み取り、なおかつ水俣病を自らの身体に抱えて、その凄まじい病態を社会に晒しながら、原因者である企業と、不作為による共犯者たる国と戦ってきた人々、そして命を失った人々の「怨」を想わずにはいられなかった。

私の故郷大牟田市から水俣まではおおよそ一〇〇㎞、決して遠い距離ではない。チッソ水俣工場が、工場排水として垂れ流した有機水銀が水俣湾の海底に堆積し、藻などの水生植物からプランクトンへさらに魚介類に食物連鎖で伝わるのだが、最後の人で連鎖は断ち切られ、高濃度になった有機水銀の毒が水俣病を引き起こした。

その水俣湾は不知火海につながり、天草群島の海峡を経て有明海とも接している。水俣市が、水俣病裁判で被告となった新日本窒素肥料株式会社の企業城下町であったのと同様に、大牟田市も三井鉱山をはじめとする三井系企業群の企業城下町であった。その中の一つ東洋高圧株式会社は、製造に水銀を使用する苛性ソーダを製造し、その排水は、チッソ水俣と同様に市の中心部を流れる大牟田川に垂れ流しされ、有明海に注がれていた。

流域の工場排水を一手に引き受けていたその川はどす黒く、川面は虹色に光り、七色の川と呼ばれていた。その川の上流の段丘の上にある炭鉱住宅の自宅からは、石炭コンビナートが一望でき、遠くに有明海越しに雲仙岳が姿を見せていた。その街で第三水俣病騒ぎが起きたのは、記録によれば一九七四年のことのようである。阿賀野川に続く有機水銀汚染の疑いが有明海沿岸で起き、大牟田川河口付近に発生したと言われる、水俣病に類似する病態が問題になったのだが、それが起きたのは、進学のために故郷を離れたあとのこと。

一九七〇年は、街頭デモの年であった。六月二三日に安保反対、一〇月二一日は国際反戦デーでベトナム戦争反対、一一月二八日には、大阪厚生年金会館でチッソの株主総会が開かれ、一株株主として会場を取り巻き、四ツ橋筋をデモ行進して堂島川沿いにあったチッソ本社前で抗議集会をしたあと、中の島公会堂へ集結した。

熱狂の一年が過ぎ、水俣へ入ろうではないかという議論も途絶えて日常へ埋没していったその先に第三水俣病問題があったのだが、報道で知る以上のものではなかった。しかし今では、大牟田川、有明海の水銀汚染が多くの患者を出すことにはならなかったことは、僥倖に過ぎなかったのではないかと思えてしかたがない。

有明海は世界的にも珍しい潮の干満が激しい内海で、満潮と干潮では水位の差は五メートルを超える。干潟の先にほとんど海水面が見えないくらい潮が引き、満ち潮は人が走るより早いために潮干狩りで逃げ遅れた人が溺死する事故も時々起きていた。その奥まったところに九州一の大河筑後川が流入していて、有明海は海水が滞留することはなかったと思われる。

そう、大牟田で大規模な有機水銀中毒が発生しなかったのは、地形のおかげだったのだ。こんなことは誰も言っていないが、私にはそう思われ、「ＭＩＮＡＭＡＴＡ」で描かれた患者たちが身内の誰か、もしかしたら自分自身であった可能性はあったと思わざるをえない。

映画では、ユージン・スミスの写真集の代表作である、母と胎児性水俣病の娘との入浴する写真が再現されている。それは出版された当時、その神々しい画面から、聖母子像に例えられたという。

母が魚介類を食べ、知らずに摂取した有機水銀は、胎盤の高度な機能によって母体に蓄積することなく、胎児であった上村智子さんに蓄積し、重篤な病を引き起こしたのだ。それはあたかも、化学企業が犯した罪を胎児が贖って母を救済したことを記すイコンであるのかもしれない。

俳優は、写真家に身を重ね、今を生きる胎児性水俣病患者に寄り添うことで、奇跡のような場面を再生することができた。同時に新たな劇場映画として作成される映画が、単なる記憶ではなく、同時代性を持ちながら、世界中の企業が犯す犯罪を告発し、それを防止できない社会を糾すことを確信していたにちがいない。

映画「ＭＩＮＡＭＡＴＡ」を観終わったときに、環境庁の職員として水俣病対策にまい進しながら一九九〇年に自死した山内豊徳さんのことが思い出された。一九九四年ごろではなかったか。同氏の遺稿集『福祉の国のアリス』[4]に出会ってソーシャルサービスへの転換の大切さに気付かされた。すごい人がいるもんだと思った記憶。

4　一九九二年一二月に八重岳書房より発行された。

しかし厚生省で社会福祉の改革推進にまい進したその人の自死について、何故だという思いが強く残っていた。そこに切り込もうとした人がある。ＴＶ局のドキュメンタリーとして取材、放映され、その後それを本に纏めるのだが、タイトルは『しかし…　ある福祉高級官僚　死への軌跡』[5]。著者は映画監督の是枝裕和氏、優れた映画監督も釈然としない思いを消すことができなかったのだ。

仕事にまつわる公務員の自死には、公文書改ざんを迫られた財務省の赤木さんの死のように、多くが無念の死であり、山内さんにも強い無念の思いがあったはずなのだが、それがはっきりしないことも、無念につながっているのではないだろうか。

水俣病で亡くなった多くの人々の無念の思いと、水俣病対策を担う行政職員として真摯に被害者と向き合って自死をした無念の思いとがどこかで共鳴しているように思われてしかたがない。

（二〇二一年一〇月二九日）

5　一九九二年一二月にあけび書房より発行された。

ノーベル平和賞を

昨年一一月琵琶湖の東部東近江市を訪れ、近江三方よし基金常務理事山口美知子さんの説明を受けて思わず「ノーベル賞ものですね」と、「経済学賞いや平和賞かな。」浮かんだのは、バングラディッシュでマイクロファイナンスを行うグラミン銀行を創設してノーベル平和賞を受賞したモハメッド・ユヌスさん。

今、ウクライナは戦争の状態にある、その展開次第では東アジアにも大きな影響を及ぼしかねない。そのような国際情勢下で平和をどうやって築くのかとの問いは、世界中の人々ひとり一人に問いかけられているが、答えは、ネットのニュースや新聞記事の情報からは得られない。世界の危機も考えながら足元を見つめ、できることを実践すること、それが遠いようだけど唯一のできそうなことだ。「Ｔｈｉｎｋ　ｇｌｏｂａｌｌｙ、ａｃｔ　ｌｏｃａｌｌｙ」ですね。

ノーベル平和賞の考え方は、すべての争い、戦争の背後には貧困、食糧難など経済的な危機があって、その解決なくしては真の平和はあり得ないということにある。だから経済学賞と平和賞の間に境界線はない。

話を戻そう、東近江「三方よし基金」が掲げる目的は、次の三つ。①地域外からの資金の獲得、②流出する資金の抑制、③地域内の資金の循環。本来は手段として掲げられるべき資金が目的として掲げられている。基金の目指すところは「これらの活動を通した市民の連帯」とのことであるが、そうであればまず目的にそれを掲げて手段として資金云々を書くのが普通であろう。

Ｐ・Ｆ・ドラッカーは、企業の利益追求は手段であって、目的は企業活動を通して社会に必要な優れた財とサービスを提供することと言い、企業の収益活動を絶対視しており、多くのビジネスマンはそれを信奉している。彼の躓《つまづ》きは、手段の目的化という根本的な問題を分析しなかったことにある。ドラッカーを信奉するビジネスマンたちが警戒心をいだかずにまい進し、社会がそれを容認したことが、現代社会の危機を招く大きな要因になっていることに気づく人は少ない。

そう考えれば、目的にお金の事しか掲げていない基金はどう考えたらよいのか。東近江三方よし基金は、今まで社会に存在しなかった新しい貨幣の機能を創造しているのではないかと思えるようになった。その気づきが「ノーベル賞」という言葉になって出たのだ。

その基金の理念を具現化するための軸になる事業が、東近江市版ＳＩＢ（ソーシャル・インパクト・ボンド）だ。基金の事務局を担っている常務理事の山口さんの優れたプレゼンテーションと、それが適用された事例の一つでもある「あいとう福祉モール」の説明を受けて、いったいこれは何なのだろうという疑問と何か新しいことが始まっているという強いインパクトを受け、世界が変わるのではないかという思いを強くもった。

東近江市のＳＩＢと国内外で取り組まれているＳＩＢとの間に違いがあるのかどうか、私には判断でき

ペイフォーサービス（PFS）

⬇

社会的インパクト指標の設定　OUTCOME ＞ output

▼事業募集　東近江三方よし基金
▼審査　第三者委員会（東近江市、基金、地銀）社会性審査⇔事業者と対話
▼出資　市民⇔「プラスソーシャル投信（PSI）」が募集・融資
▼補助決定　年度末に審査会・成果報告会で補助決定
▼償還　市民に返済（市→基金→PSI→出資者（利子付き）

図　東近江市版ＳＩＢ

る知識がないにもかかわらず、東近江のそれは大変独創的であるように思われた。

その仕組みを簡単に表すと上の図のようになる。

地域が必要とする新しい社会（公共）サービス、例えば毎日型の子ども食堂を立ち上げ、地域の生活困窮世帯の子ども二〇人に朝食を提供するために、民家を借り上げ、リフォームする費用が五〇〇万円必要だとしよう。まずは市役所へかけあって市の委託事業とまではいかなくてもせめて補助事業とすることを要請、時代を先取りする斬新的な事業であることや受益者が特定に偏る、などの理由でなかなか採択されそうにない。というようなときに基金に応募することになる。

基金では第三者委員会で事業者と対話をしながらその社会性を審査し、実施後の成果評価の基準となる社会的インパクト指標を設定することによって実効性を担保する。

実際の資金は、ＳＩＢのために設立された「プラスソーシャル投信（ＰＳＩ）がその子ども食堂事業開始に向けて市民からの投資を

募集する。そしてその事業に共感してお金を出そうという人がいなければそれまでだ。出資者があれば事業者に融資され、実行される。そして年度末にその成果を評価し、採択の際の社会的インパクト指標を達成していたら、東近江市からあらためて補助金が出され、出資者に利子付きで償還されるというものだ。

このPDCAサイクル自体は、プライベートセクターとパブリックセクターの協働としてよくできた仕組みであり、コミュニティビジネスを地域で活発化するための有効な起爆剤である。だがこのSIBをとおして出現している多様なコミュニティビジネスや社会サービスが、ことごとく新しいソーシャルキャピタル（社会関係性資本）を生み出していることに驚かされたのだ。

米国の政治学者パットナムは、著書『哲学する民主主義』において、効率的な行財政システムが制度設計によってではなく、それぞれの社会の基盤としてある社会関係性資本の形成規模によることを、一九七〇年代のイタリアの州制度創設からのパフォーマンスの比較により実証した[6]。東近江市のSIBは、その見事な証左だった。

だが東近江市のそれはそこに止まることなく、新しい社会関係性資本を創出し、さらに還元された資金が再投資されて社会関係資本を増やしていくというスプロールにつながる。説明の中でも、東近江市版SIBが、パットナムが立証したとおりに、この地域の惣村自治の継承や近江商人の文化を背景にした地域

6　河田潤一訳『哲学する民主主義　伝統と改革の市民的構造』NTT出版、二〇〇一年を参照。

特性の上に成り立っているとのことであるが、それ以上に未来社会に向けた地域づくり、暮らしづくりの新しいツールを生み出したのではないだろうか。

それは、貨幣の流通の新しい形が社会関係性資本を創出するという、貨幣の新しい機能が生じていることでもある。価値の尺度として、交換手段として、また価値保存機能に加えて東近江のＳＩＢはソーシャルキャピタルの発生と、新しい機能を見いだしたのではないだろうか。そうだとすれば、ノーベル平和賞が授与されてもおかしくはないはずだ。

奇しくも先日ＮＨＫ「鶴瓶の家族に乾杯」で東近江の様子が放映されていた。私たちが訪問したころに少し遅れてロケが行われたようで、雪の積もる東近江だった。民情が豊かで豊かな暮らしがあることが伝わるとてもよい番組になっていた。ここから平和で豊かな地域づくりが発信されて世界平和につながっていけばと夢想した。

（二〇二二年三月一一日）

政策事始め

宝塚市は一九八九年に役職定年制を導入した。おそらく当時約三〇〇〇あった市町村のどこもそんなことはしていない。身分を保障する地方公務員法に触れる可能性もある、そんな制度をなぜ。

「松藤君、昇格試験を二年ほど休止してはと思うので検討してくれませんか。」総務部長室での指示は、いつもの穏やかな口調、「人事課長には話をしているからよろしく頼みます。」

人事係長になってから四年目、部長からの直接指示を受けるのは初めてのことだ。

宝塚市では、一九七六年から係長、副課長への昇格試験を実施している。当時のW人事係長が企画実施した昇格制度はよくできていて、一九八八年に『月刊　地方自治職員研修』に寄稿した小論で私は、その評価を次のように記している。

「いくら公平、公正なシステムになったと説いたところでそれを証明するのは結果でしかない。選考が回を重ねる毎に定着していった事実が、選考の公平、公正性を何よりも雄弁に語っているように思える。」制度開始から一三年を経ていた。

一九七六年一〇月宝塚市に採用、選管事務局に配属されてしばらくしたころのこと。二年先輩職員から何気に「昇任で立場が逆転することはない」と言われたとき心の中でそうだろうかと思ったことがある。

たしかに、もと部下だった職員がある日上司になるというようなことは、どんなことがあってもありえないという風土であったことはまちがいない。

　だがその一方で、一九六〇年代に住宅都市として急成長した時代に大量採用した職員の塊が課長や係長昇任の時期を迎えつつあった。それまでにオイルショックからの経済の停滞、税収減に対応するために二年間の新規採用停止や昇格年齢の引き上げなどがあったが、焼け石に水であった。ただそのころ私自身は、学校給食民間委託への反対運動など組合活動が忙しく、人事システムの問題などに関心はなかった。

　それでも係長昇格の対象年齢になって、受けるかどうかの意思確認を拒否する理由はなかった。熱心な組合活動家のなかには受講拒否の運動をし、私にも働きかけがあったが、昇格試験はだれがみても必要だったし、自治体職員は市民のために効率的に働く責務があるという信念からも拒否の理由はなかった。

　ちなみにこの昇格選考の制度は、「昇格選考研修」という名称が冠され、昇格の意思を研修受講希望と言う形で表していたが、実質的には選考「試験」であった。

　その年の対象者は二三四人で五五人が辞退、一七九人が受講し一四・五％、二六人が合格した。その七年後には、副課長昇格試験を迎えるわけだが、総務部長の指示はその年のことだ。想定外の人事係長になって四年が経っていた。

　総務部長の指示は、試験による昇任を二年間停止するということだ。数年前から昇任のあり方には強い問題意識を持っていて、課題も明らかになっていた。部長の指示は、他に方法がないということなので具体の代案をどう示すか、そのことが頭の中を占めた。

そもそも昇任へのインセンティブは給料だけではない。自治体職員として職責を全うしたいという気構えの職員も多い。一方で昇任を拒否する職員の仕事へのインセンティブが低いかといえば、そんなことはない。要はスタッフの高いモチベーションをマネジメントできる人材をどう得るのか、その能力をどう養成するのか、ということが昇任制度の要なのだ。

どのような組織においても、その基本の構造は変わらない。適切な年齢で適切なキャリアを積むことが必須であり、時代とニーズの変化に対応できる能力の養成を欠くことはできない。そのときに年齢構成とポストの数が解決を阻む壁となる。部長の指示通りとしたときのシミュレーションから驚くべき結果が出た。人生のどこかで三年足踏みをしたら部長には任用ができないという結果だった。二年間の昇任のブランクは、総務部長が高い評価をしていたK課長が部長にはなれないという落し穴が潜んでいたのだ。

宝塚市の昇任制度では、課長から次長、次長から部長それぞれの昇任に、それぞれの職階での経験年数を経ることをルール化していた。二年間の昇任停止の結果は、最上位の部長になれる人は、学歴、職歴において四年のキャリアブランク以内に収まっていなくてはならないというものだ。

ちなみに私は、大学入学までに一年の浪人期間があり、ダスキン在籍は一・五年であったがキャリアとしては合計三年であるので、二年の延長の場合、五年のブランクになる。「私も部長になる可能性はなくなります。」K課長の例に加えた。

それぞれの職階に適切な年齢で就くことの大切さに気付いたのは、市の人事システムに行政職の専門職導入の可能性を考えていたことからだ。

きっかけは福祉分野でクライアントと真摯に向き合い、専門性を高めた結果在籍が長くなった職員は、昇格選考での合格率が低いという傾向に気づいたことだった。組織のマネジメント能力を求める昇格選考制度は、福祉専門職志向の強い職員に専門職としての昇任の道を閉ざしていたのだ。それは税務、窓口、都市整備など強弱はあっても他の分野でも見られることであった。

そこで市の扱う事務のグループ分けを試みたところ概ね七グループができて、その一つは、組織のラインをマネジメントするラインの管理職グループで、マネジメント専門職として考える中で、職階ごとの経験年が意味を持っていた。自治体の人事システムを専門性を重視したシステムに切り替えることと役職定年制導入をセットで考えることが解決手段としてひらめいた。

部長五八歳、次長五七歳、課長五六歳でそれぞれ役職定年を迎え、ラインから外れた部次長は「専任役」に課長は「専任職」に就き、それまでの経験を活かした専門的責任業務とする仕組みとした。

この制度はおおむね団塊の世代が去るまで続き役割を終えた。定年延長の下に法による制度化がなされたことには感慨深いものがある。それがどの程度意味を持ち得たかを調査する機会はなかったが、職員のモチベーションの維持高揚に一定機能したという実感はある。制度化に前後して確か本田技研ではなかったかと思うのだが、同様の制度に「専任役」「専任職」というまったく同じ役職名がつけられていたことも強く印象に残っている。

ただ、市役所の事務組織を七区分の専門職群とし、ゆくゆくは専門性を活かして論文を書いたり大学などで教鞭を執る職員が排出することを夢見ていたのだが、この手の政策を引き継ぐものが現れることはなく、私自身は福祉畑を歩むことになった。

（二〇二一年九月一九日）

市長逮捕

宝塚市は不名誉な記録を持っている。もう十数年前のこと、市長が二代連続して収賄の罪で有罪判決を受けたのだ。三五年間宝塚市に勤務し、自治体職員として市行政に情熱を注ぎ、その熱意に応えてくれた職場への愛着や魅力ある都市への誇りは人一倍と自負しているこの私が、こともあろうか逮捕一人目は政策室長として、二人目は二つの逮捕容疑を所管する環境部長として、事件にまともに向き合う立場に立ち、一時は留置されることも覚悟せざるを得ないような状況に晒された。

こんな経験を持つ自治体職員は稀であろうし、誰しもがそんな経験はしたくないと思う。だが、実際に体験してみると行政という権力構造は、「利権」という言葉が表現するように、汚職にまみれる危険性を常にはらんでいることは、時代や地域を問わずあると断言することができる。

そんなことが起きないように刑事罰が用意され、それぞれの自治体では防止のための不断の努力が払われている。実際宝塚市においては、汚職で有罪になった行政職員はいない。嫌疑がかかって事情聴取を受けたり、なかには逮捕起訴された事例はあるが、無罪を勝ち取っている。現に私も、所管する霊園の新設やプラスチックごみの分別にからんで市長が逮捕された後、三日間にも及ぶ事情聴取を受けることになるが、拘留されることはなく、捜査は早い段階で事件が私の権限の及ばないところで起こされていた事実にたどり着いたようだった。

こんなことには慣れたくもないが、二人の市長逮捕までにも、刑事の事情聴取を二回、検察官の聴取を一回経験していた。最初は、特別養護老人ホーム建設のため大阪の福祉法人による予定地の市長への贈収賄事件にからんだものだ。その法人の理事長が、誘致を積極的に進めていた宝塚市の私のところへも働きかけに幾度となく訪れていたことがあって、捜査の段階でそのことが知られ、宝塚市長にも贈賄があったのではとの疑いだった。そもそもどのような案件も担当課で課題を整理し、方向性を定めてからトップへ報告、協議する。宝塚市長は全く知らない案件であった。

特別養護老人ホームの誘致に絡んだ贈収賄事件は兵庫県下でも起きており、建設部門がほとんどであった自治体の贈収賄事件が、福祉の世界でも起き始めていた。厚生省の岡光さんが摘発されたのもこのころだったのではないか。

当時私は福祉推進課長の職にあり、宝塚市版のゴールドプランに掲げた施設整備の数値目標を達成するために、国・県補助金に加えて市単独の手厚い特別養護老人ホーム整備補助金制度を設けたところであった。

その後、同様に宝塚市版エンゼルプラン推進のために設けた、保育所誘致の手厚い補助制度を適用しようとした法人にも、他都市での贈収賄事件にからんで嫌疑がかかって検察の捜査がはいり、結構な数の段ボールと手帳などが押収され、事情聴取を受けたが狐につままれたようなことであった。今になって思うのだが、それ以前に特養誘致を断った法人関係者の意趣返しであったような気もする。

新たな政策は新たなお金の流れを生み出すことでもあり、そこに群がろうとする有象無象が現れることは予想がつく。宝塚市は一九五四年に市制を敷いて以来市長はすべて政治畑の人である。助役や副市長あるいは国・県の職員が一度も市長の職に就いたことはない。市長が政治家であることは、政策がドラスチックに進むという良い面もあるが、多くの場合「全体の奉仕者」という公務員としての基本を身に着ける訓練を受ける機会を欠くために脇が甘くなるリスクを負っており、それを目の当たりにすることになる。

希望がかなってそれなりにがんばった福祉部での仕事も一二年目を迎えようとしていたころ、食堂で並んでいたら「君は課長どまりだからな。」と囁く人があった。ぼちぼち次長になるかなと思っていたところで、ふーんと無視をしたが、まもなくの内示では政策室課長と書かれていた。なるほどである。「出る釘は打たれるが出過ぎた釘は打たれないと調子にのって、さらに出すぎたら引っこ抜かれた。」というような戯言が浮かび、あちこちで言っていたころのこと。

その政策室在籍中に市長が代わった。保守系二候補の激戦に勝利した新市長は若く、行政改革を最優先に掲げて当選、政策室で行政評価を担当したことや所信表明のほとんどを書いたことがあってか、まもなく行革担当課長に就くことになった。そこでは新市長の期待に十分応えたのだが、政策の事前評価で市長の公約をつぶすことになって、一年でごみ政策課への異動となる。

職場も焼却炉のあるクリーンセンターに変わり、退庁時間も午後四時になって、宝塚市職員になって最も充実した一年を過ごすことになる。ごみを減らすという政策目標は、分かりやすくワクワクする気持ちを抑えきれなかった。「地球環境会議」「3R」「ゼロウエイスト」などの魅力的な言葉が語られ、地球温暖化を告発する映画「不都合な真実」が世界で上映され、宝塚市の唯一の映画館と共催の上映会をもったりもした。

所管していたごみ減量等推進審議会では、新たなごみ減量計画を諮問することになっており、家庭系ごみ収集の有料化とプラスチックの分別処理を盛り込んだ諮問を行った。相当思い切った政策提言であったが、先駆的な都市の事例から確実な成果を得る確信はあった。

審議会を重ねて半年くらいで答申案をまとめ、パブリックコメントに付して年が明けて市長あて答申書を提出することができた。審議会には市議会の委員も複数あり、当所猛反対を受けたが、丁寧に説明したことが功を奏したか、最後は満場一致での可決が得られた。

ただ、案の段階では賛意を示していた市長にはさすがに躊躇が見られ、プラの分別などできるところから取り組むこととしたところで、政策室長への異動となった。次長級への昇格は、はなから無いと思っていたので驚きの人事異動だ。人事課で五年間人事異動を担当した経験もありながら、理由がまったく不明で、今日でも謎だ。

政策室では情報政策課も兼務していて、以前政策室課長として取り組んでいた近隣の三市一町との連携施策の一つで、総務省から企業連携コンソーシアムへのICカード推進事業補助金二億円を使い、エコマネーを取り込んだ独自のSNSネットワークづくりに力を注いでいた。余談になるが、政策室課長当時誰も考えていなかった合併を本気で研究していたのだ。

一年が過ぎようとしていたころ、三市一町の協議会へ向かう市長車内の雰囲気は、いつもと違っていた。その翌朝広報課の友人から市長逮捕のメールが届いた。おりしも新年度予算を審議する三月議会が始まったところだった。予算案の取り下げから暫定予算案の提出など方向性を示しながら連日の記者会見での副市長発言の原稿を書き続け、会見にもすべて出ることにもなった。会見では担当部局との未調整の事にも答えざるを得ないことも多く、政策室暴走との声も聞こえてきたが、ひるむことは許されなかった。

市長からの辞職届が議会へ提出され、四月九日には新市長が誕生し新体制に向けて行われた人事異動で、次長級である政策室長在籍一年と一か月で環境部長に就くことになった。市長逮捕の混乱を乗り切る役割の一端を担ったことを評価した、異例の抜擢人事といえばそうかもしれないが謎は残った。

一年前にごみ政策課長として取りまとめていたごみ減量政策の最優先テーマはプラスチックの分別収集処理だった。宝塚市には未知の事業であり、具体的な処理方法を検討しながらすべての自治会での説明を進めていった。

その一方では、新霊園の実施設計を進め基本設計で示されていた建設費を大幅に圧縮して発注の作業に入っていたところに、市長室からお呼びがかかる。次長も同席した場で、市内業者優先の考えから分割発注するよう指示があった。即座に、そんなことは背任になるのでできないと断って退出した。

プラスチックの分別では、容器プラスチックの分別処理を行う自治体はあったが、すべてのプラを分別処理する都市は限られていた。減量効果を高めるにはすべてのプラスチックを対象にすべきと判断していたのだが、新しい事を手掛けるには困難がつきまとうことを思い知らされることに。

波乱の幕開けは、在阪の放送局のスクープ映像だった。若手市議の一人と報道番組が組んで宝塚市クリーンセンターの収集担当職員が勤務時間中に抜け出し、自宅へ戻ったり中にはパチンコ店に出入りする様子を盗撮され、スクープ報道が連日なされたのだ。私へのインタビュー画像も何日も繰り返し夕食の時間帯に放映され、議会においても厳しい質問が続いていた。

たしかにやったことは法的にも倫理的にも許しがたく厳しく対処していったが、全体の士気がおちることを最もおそれた。現業の職員には組合役員のときに親しくしていた人もたくさんおり、ストライキのあとにごみ収集車に一緒に乗って収集に回ったりもしていたので、気心のしれた仲間もいた。処分には厳しく臨んだが、現場で汗をかいて働く職員を守るという姿勢も取り続けたことで職場の安定も取り戻せたので、プラ分別開始に向けて再スタートを切った。

しかし、プラ分別を落札したA社の処理の一部が再委託になっていることが明らかになり、廃掃法に触れるとの指摘があったため、契約を破棄して次点のB社との契約となった。二年がかりで市民の理解を得てスタートするはずだったプラスチックの新たな分別収集、集めることはできたが行き先の処理施設の建設が間に合わなかった。施設完成まで市のクリーンセンターで焼却せざるを得なかった。契約の変更に要した時間が災いした。

プラごみの分別収集がスタートして間もなく、分別したプラごみを、燃やすごみと混焼しているとした記事が地元紙の朝刊に大きく掲載されたのだ。そのスクープ記事が出て他の新聞社からも、事実を隠して混焼したのではないかと詰められたが、隠しはしないとする姿勢を貫いた。

その少し前に議会のある会派からプラ分別の説明を求められ、その際に施設が間に合わないために、三か月は混焼せざるをえないことをあえて説明していた。隠し通せるので公にしないほうが、という意見もあったが、輻輳した経過を経た事業だけに事実をすべてオープンにする方針を示して内部の意思統一を図った。

クリーンセンター職員の中抜け問題からプラ分別処理の躓《つまづ》きなど、ごみ処理問題は議会も報道も最も関心の高いテーマであり続けた。その最大の議論の場となっていた決算特別委員会の真最中に、自転車で帰宅の途上で車にはねられ、鎖骨の複雑骨折で二週間入院するという事故に遭遇する。ひき逃げだったこともあり、市制記者クラブではヒットされたのではという噂が流れていたとのことであった。

そんなマイナスの事態が続く一方で、プラスチックの分別収集処理は、想定以上の減量効果があり、重量比で対前年二五%の減量を達成していた。なかなか大変な新規政策であったが報われた気がした。職員の士気も高く、いよいよ本丸の有償ごみ袋導入にかかろうとしたが市長の関心は低く、腰を据えてかかろうとした時期のある朝、広報課の友人から再び市長逮捕の知らせが。

「宝塚市内の霊園工事をめぐり、●●●●市長（六一）が現金百万円を受け取っていたとされる問題で、現金がわいろだった疑いが強まり、兵庫県警捜査二課が、収賄容疑で●●市長の逮捕状を取ったことが十九日、分かった。同日、任意で●●市長の聴取を始め、容疑を裏付けることができれば逮捕する方針。」（神戸新聞）[7]

逮捕の記事に引き続いて、プラスチック処理に関しても処理業者から一〇〇〇万円を受け取っていたことが、すべての報道機関からだされていた。その翌々日から担当刑事の事情聴取が始まり三日間に及んだ。その案件が送検されてから検事の事情聴取も、それは在職中五回目の事情聴取であった。

捜査が進む中で市長選挙が行われ、二度にわたる贈収賄事件を厳しく糾して立候補した元衆議院議員の中川智子さんが当選、新市長に就任し、公約どおり贈収賄事件を構造的汚職として二つの調査特別委員会を設けてそれぞれの委員長には、弁護士が就任する。構造的汚職ということから、私が当事者の筆頭だ。テーマの一つは契約に至るプロセスであり、もう一つはプラ分別が環境政策上正しいものであったかと

7　二〇〇九年二月一九日の夕刊記事より。

いう点。契約については所管課と密に連携してきており手順に瑕疵はない。プラ分別の正当性を諮る委員会の委員長には、環境問題が専門の国際弁護士が就任し、事務局は尼崎市で容器包装プラ以外は、市の焼却炉で焼却発電との方針を提案したコンサルだ。

そのような委員会であったが、すべてのプラを対象にした結果二五％減量に成功していたので、冷静な審議さえしてもらえれば正しい判断がでると確信しており、そのとおりとなった。余談だが、委員長の弁護士とは話がよく合い、現在こむの事業所の監事をしていただいている。

新霊園建設については、バタフライエフェクトとでも言おうか、分割発注を断ったことからなのかも。

（二〇二三年三月一九日）

中学二年で私は初めて文学と出会った

中学二年で私は初めて文学と出会った。母親が図書館から借りていた大江健三郎の小説『個人的な体験』を読みはじめたのは、性にまつわる体験談と誤解してだったという少々恥ずかしい記憶。それとは裏腹に、重度の障害をもって誕生した命と向き合い、若い作家が絶望の淵から再生にいたる道のりを丁寧に描いた物語から、人生の不条理というものを初めて感じたのではなかったか。

それまでもアルコール中毒で晩年を過ごして亡くなった祖父とのことや、当事者として生活を丸ごと飲み込んだ三池炭鉱の労働争議など、世の中がままならない事態に直面していたはずなのに、「不条理」の実感はなかった。若い流行作家が文章の中に描いた不条理こそがリアルな人生の姿だったのだ。

作家は、脳に重度の障害をもって生まれた長男と出会い、日々の暮らしをともに創り続けることから生まれてくる人間の本源的な力を見いだし、それを社会生活を営む上での羅針盤にしながら作品群を編み、読み手と繋がっていった。大江健三郎はそんな作家であった。

『個人的な体験』が出版される五年くらい前のことになる。当時暮らしていた炭鉱住宅の道を隔てた街区に化学会社の社宅があり、その一角に暮らす、家族ぐるみで仲良くしていた家族に重度の脳性麻痺の男児がいた。私より二歳くらい年下だったような記憶。

全身の麻痺で車いすとベッドでの日々、唸るような発音だけで会話は全く成り立たない。確かアッチャンと言った。今だからわかるけど、養護学校も就学免除でずっとお母さんと自宅にいた。そして一〇歳で亡くなった。それが数年後に『個人的な体験』を読んでアッチャンの「生」をリアルに感じ取るという文学的体験につながったのではないかと思う。

今考えると、表現やコミュニケーションが極めて困難だったアッチャンが、周りのことをどんなふうに理解して、どんな考えを持っていたかを想像しようともしなかったことが大変な過ちであったように思われる。

ずいぶん以前のこと、医療的ケアを受けながら暮らす脳性麻痺の人々の自立生活を考えるシンポジウムが大阪府の福祉センターで開かれた。参加した当事者の労働を議論する場面でのこと、参加者の一人がジャーナリストとして働きたいと、トーキングエイドを使って発言した。アッチャンがそうであったかも知れないのだ。

こむの事業所の駐車場管理業務では、上下肢の麻痺と言語に障害のある電動車いす利用の人が二年くらい従事してくれたこともあったので、医療的ケアの必要な人のA型就労は可能と考えている。そのために事業を起こしたのだ。

大江健三郎作品の文学体験は、今につながっている。　同氏は一九九八年にノーベル文学賞を受賞し、受賞のスピーチにはあいまいな日本の私とタイトルがつけられ、日本に暮らす私たちに向けてディーセントであれと呼びかけていた。

一九六六年刊行の『ヒロシマノート』一九七〇年刊行の『沖縄ノート』いずれも戦争の凄惨な状況から命をつないだ人々の語り継ぐ行いに人としての「品性」を見いだし、作家の生きていく上での羅針盤とした、その品性をディーセントと表したのだ。

その言葉は、ディーセントワークという労働のありかたを示す言葉としてＩＬＯの様々なレポートで使われていて、障害のある人々の仕事のあるべき姿として、日本社会でも普通に使われるようになって久しい。

宝塚市役所を定年退職した直後に立ち上げた、「こむの事業所」は、障害者を始め社会と繋がりにくい人々の仕事を創り出すことをミッションとしたが、それはディーセントな仕事でなければならなかった。そしてそれはコロナ禍の中で、ブルシットジョブ、犬の糞のような仕事と比較されるエッセンシャルワークという異なった表現にもなって、こむの事業所の労働を表す言葉になっていると確信している。

今、大江健三郎の書き記してきた作品を振り返り、私自身の辿ってきたことに照らし合わせて見るに、文学的な体験とはこのような体験ではなかったかと思われてならない。ではあるが、大学初年の学年の終わりに提出した大江健三郎の小説を解題した人文ゼミのレポートを、指導の林忠良先生からこっぴどく叱られることになった。「つまらないことを書いて」とのたった一言。内外の文豪たちの作品や古典をたくさん読んで自信をもって書いたレポートだけに、何がどうだめであったのか、皆目見当もつかず、そのあとも「君は勉強をしない」という言葉を浴びせられて、少しは勉強らしいこともするようにはなったのだが。学生生活も終え、仕事と家庭の維持に窮々とする日々が続くところから、考えていることと日々の行いとが、どこかつながっていくような気持が湧いてきたような気がしてきた。

レポートを否定された意味も少しずつ分かった。人文ゼミの入学前の課題図書は澤瀉久敬著『「自分で考える」ということ』だったのだ。自分では少しも考えずに、いろんな作家、文筆家の考えたことだけを切り貼りしたことへの厳しい問いかけだったに違いない。

それから長い年月が流れたある日、入院療養中だった林先生から葉書をいただいた。そこには「君の書いた文章に感動しました。」と記してあった。それはコピーを送った自治体活性化研究会に寄稿したメンバーズレターの記事への感想だった。

いくつかの記事は、市役所での出来事を記したもので、いくつかは今運営しているNPOのことや旅行記など。その中で、自分で考え、自問自答もしながら取った行動を記した記事「私は嘘を申しません？」が先生の機微に触れたのかもしれない。

（二〇二三年四月一四日）

「ＬＩＶＩＮＧ」の記憶

ノーベル賞作家カズオ・イシグロが黒澤明監督製作の「生きる」をリメイクした「ＬＩＶＩＮＧ」を観た。「沁みる」作品だ。

自治体活性化研究会が二〇一九年に出版した『自治体職員かく生きる』は、黒澤作品からとったタイトル、そのまえがきを引用する。

『命短し、恋せよ乙女』、黒澤明の映画『生きる』の主人公が公園でブランコをこぎながら口ずさむゴンドラの歌の一節である。昭和二八年の自治体職員をテーマにした映画で、先ごろミュージカルも上演され、今も傑作として評価が高い。市民のために命がけで仕事をした職員をヒーローとして見立てたドラマであり、組織で働く人々の誰にでもある生き方の悩ましさを捕らえ、世界の人々の心をゆさぶった黒澤監督のすばらしい感性に、改めて驚かされる。同時に六〇余年も経過した今、自治体職員の生き方は変われたのか、市民の期待に応えているのかを考えさせられる。」

別の記事では次のようにも書いていた[8]。「一般的には、ふつうはあり得ない公務員の姿を描いたことの

8　松藤聖一「矜持」（メンバーズレター一七号（二〇一八年五月一五日））より。

ドラマ性が言われているようだが、そんなありきたりのことで世界中の人々の心を動かしたのではない。この映画は、自治体職員の誰もが、いや組織のもとで働く誰もがもっている思いを深く描いたからこそ、世界の人々の心をとらえたのだ。」とも。

カズオ・イシグロが製作した所以はここにある。世界の人々の心に届く普遍的なテーマがあったからだ。某新聞の「官僚批判が薄まったのは物足りない。」との評はまったくの的外れ。

私が黒澤の「生きる」を観たのは一九七六年ごろのこと。すでに製作されてから二〇年以上がたってい た。そのころには労働組合もいろんな文化活動をしていて、一六ミリフィルムにプリントされた劇場映画を鑑賞する集会というようなこともあったのだ。

「生きる」の上映に集まったのは五〇人くらいの組合員、いずれも職場の同僚たち。志村喬演じる定年退職前の初老の公務員、公園整備を目指す課長の懊悩と決断を視て何を思ったか。

市民の声を誠実に聴き、時には組織の方針に抗ってでも期待に応えようとする自治体職員は、けっして少なくはない。組合活動をしてきた仲間たちの中には、仕事ができることを武器に、あえて昇格を拒否して「いい仕事」をする人たちがいた。管理職になることは自らの手足を縛り、口を封じることにつながるという思いがあったのではないか。

「生きる」で描かれた課長は、市民に向き合う誠実さに蓋をしながら、自らの人間性も押しつぶしながら中間管理職を務めあげようとしていたのだ。そこに不治の病が訪れる。「私の人生はこれでいいのだろうか」という自問。これから人生の輝きを得ていこうという、職場の若い女性職員とのプライベートな出会いのひとときが背中を押す。

ここまでは「ＬＩＶＩＮＧ」は黒澤の「生きる」を丁寧になぞっていて、ストーリーの大半は、その映画への深い敬意だ。そして終わり近くのわずかなシーンにカズオ・イシグロのこの作品に賭ける思いが込められる。

主人公が亡くなってどれくらいの時のことか、いつもの朝の通勤列車で乗り合わせている四人の部下だった人たちが亡くなった上司のこと、大きな流れに逆らって整備した公園の事、それを喜ぶ子ども、市民のことを回想している。カズオ・イシグロらしい暖かく厳かな場面。その片方では課長の上司たちが、公園整備の手柄を争っている。銅像でも建てようということらしい。

すぐにでも無くなってしまいそうな、儚い記憶のなかにこそある、生きてきたことの証。銅像として半永久的？に残る恥ずかしいふるまい。その対比は組織の中でもがきながら働き続ける人々への問いかけでもあり敬意でもあるにちがいない。

しばらく前、まちづくりを語る少人数の懇談の席でのこと。今では伝説となって伝えられている大きな音楽イベントを築いた市職員メンバーの中の二人、うち一人は、定年退職まで一般職で、もう一人は係長であったこと、この二人が今の公民館活動の礎を築いた存在でもあったことをしみじみと語る人があった。その記憶は私の中にも蘇った。

自治体職員として、市民と誠実に向き合っていくために、昇進を求めず仕事の力量を高めて道を切り拓いていくという選択肢はたしかにある。一九八二年ころのこと係長への昇任選考への意思表示期限の前日、労働組合執行委員の一人から自宅へ電話がかかってきた。

「マッちゃんのことだから選考拒否するよね」「いや受けることにしています。」との応答。当時私の中では、自治体職員であるからこそ昇格して責任を果たしていくことは義務ではないかと考えていたことからの答え。ただそれは私ひとりの考えで、職場の同僚や組合の仲間に求めるものではなかった。もちろん管理者の側からあんたはなれませんと言われればそれでもよしとしたうえでの考え方だ。

昇進を拒否した人、昇進していった私、それぞれに何をなしえたか、何をなしえなかったかが問われているのだと思う。ただそれらは特段の評価を得られるというようなものではなく、限られた人々の中にかすかな記憶として残りやがて消えていく。それがカズオ・イシグロが「ＬＩＶＩＮＧ」で黒澤明の「生きる」を超えて表現しようとしたことにほかならない。それはまた、ノーベル文学賞を受賞したことへの思いを表現したものであるのかもしれない。

（二〇二三年五月一五日）

第二章　自治体職員かく生きる

阪神淡路大震災の一〇〇日　一九九五年一月一七日午前五時四六分

「先ほど奄美地方で震度四の地震がありました。津波の心配はありません。」数日前のこと、私はあれっと思った。珍しい、今まで奄美地方に地震があったという記憶がないからだ。

私の家族が暮らす阪神地区では、ほとんどの人がこの辺では地震はないと考えていた。一月ほど前に三陸沖で震度五の地震があったときには、幸い被害はほとんどなかったのだが、「地震の多いところは不安でしょうね。」という会話を交わしたところであった。三陸と奄美の中間点といえばこのあたりかということが頭の片隅をよぎったが、そんなことはという言葉で気持ちを飲み込んだ。

だが予感は的中した、ザーっという音で目が覚め、枕元から見える窓の外が瞬間青白く光ったとたんに上下に突き上げるような揺れがおきて、二〇秒くらい続き、そのあとうねるような揺れがしばらく続いた。

隣に寝ていた家人も揺れている間は声も出せず、おさまってようやく無事を確かめ合うことができた。本棚が倒れてうずたかく積みあがった本の向こうに顔をのぞかせた長男の「大丈夫」という声を聞いてから、長女の部屋に入ると大学二年生の長女は茫然として声も出ない様子で、抱きかかえながら玄関のところまで来たところで、長女は気を失った。

津波が心配であった。私の住まいは甲子園球場の近くで、海辺までは一㎞もないくらいだった。ほとんど海抜ゼロメーターである。一五世帯が暮らす鉄筋三階建ての民間賃貸住宅の三階なので一〇メートルを超す津波でない限りは大丈夫とも考えたが、奥尻島では三〇メートルを超える津波であったことも思い出し、近くにあるホテルに避難するかもしれないと家族に着替えをうながした。スイッチをいれたテレビに津波の心配はありませんとのテロップが流れて、しばらくして大きな地震が発生したこと、数人の死者が出たもようであることが臨時ニュースで伝えられていた。

幸い家族にけがはなかった。ガスは使わないようにして食パンとコーヒーで朝食をすませ玄関を出ると、空気は冷たく空はようやく明るみ始めたところだ。深く深呼吸をして、普段の乗用車は使わずに長女のバイクで、一〇km先の職場を目指した。

四五歳、宝塚市役所に勤務し始めてから二〇年目にあたる。福祉推進課長と福祉総務課長を兼務して二年弱が過ぎていた。職場までは三〇分程度で行ける距離だが、道路の亀裂をよけながら、埃臭くてところどころガス臭がただよう道を急ぐ。普段の数倍もあるように感じる。職場の手前二kmほどのところにある療護施設にバイクを乗り入れ、「皆さんなんとか無事でした。」と、どんな時でも穏やかで笑顔を絶やさない施設長の声を聞くことができたことで気持ちが少し和らいだ。

市庁舎に到着したのは午前七時前くらい。登庁している職員は、まだまばらだ。自席の周りには近くに住む若手の女性職員が一人、何から手を付ければと茫然としている。「Aさん、すぐに市内の入所施設全部に電話をして、人的な被害はなかったかどうか確認をしてください。建物や設備の被害は、後回しに」躊躊なく声が出た。出勤途上に療護施設の安否確認をしてきたおかげだ。

このときには通じていた固定電話は、その日の午後には通じなくなって、職場近くの売店にあった公衆電話だけが外部との唯一の連絡手段になった。まもなく一〇か所ほどの施設では亡くなった人やケガもなかったことがわかり、その時点では意外と被害は小さいのかもと思ったが、見えていないところでとんでもない被害が発生していたのだ。

「まっちゃん、保育園児が倒れた建物の下敷きになっている。いっしょに行けるか。」

人事課でいっしょだったNさんが息せき切って二階の教育委員会から降りてきた。保育係長のとき親しかった保育園長からの電話だと。防災センターには閉庁後使った公用車のカギが預けてある。「とにかく人命や」、ただ素手では手に負えないはず、防災計画では建設業者との協定で市内の建設業の協力がえられることを思い出して、近くの事業所へ行き、作業員の出動をたのんで現場へ。

市役所から三kmほどのところの現場では、木造二階建てのアパートが完全に倒壊していた。がれきの山だ。近所の人たち二十数人が必死になってがれきを除こうとしている。ほとんど無言で取り付いている人たちに加わって、下に人がいるというところのがれきや折れた材木をどかしたところ、壁土が崩れて砂山状になっているところから手だけひじから手の平の先まで空をつかむように飛び出しているのが目にはいった。しかし、その上に重なって半分は土に埋もれている材木は、もう人間の力ではびくともしなくなっていた。

その現場では、母親と小中学生の四人の子どもががれきの下敷きになって、三人の男の兄弟は近所の人たちが助け出せたのだが、小学校一年生の女の子と母親は、助けることができなかった。私たちが駆け付けたころ男の子たちは救い出され、一時間ほどして到着した救急車で運ばれていった。ほどなくして建設業の救助隊が到着したので、現場を離れて市役所へ戻ることにした。

後で聞いたことだが、母親のもう一つの腕には、かばうように抱きしめられていた娘がいたとのこと。壁土から助けを求めるように伸びていた手の映像は、震災のことを思い出すたびに鮮やかによみがえる。三人の男の子は助かって本当によかった。ただ救助したのは近所の人たちだ。警察も消防も市役所も役には立っていない。この体験がこの後のことを決定づけることとなる。

救援物資が支える

「水もない食料もない毛布もない、二〇〇〇人も避難しているらしい。」とにかく手に入るものを避難所へ。実際には、一〇〇か所近い避難所へ二万人の人が避難してきていた。学校給食で使わなかったパンを配ろう。避難所への物資担当の生活援護課長から毛布調達の相談、休止している少年自然の家に四〇〇枚くらいの毛布があったはず、クリーンセンターのトラックを調達して避難所へ、でもぜんぜん足りない、そこへ毛布を買いませんかという業者からの電話、六〇〇ほど在庫があるという、言い値が高くて一瞬躊躇したが、背に腹は代えられず購入する。その後は、さばききれないほどの毛布をはじめ、ありとあらゆるものを救援物資としてもらうことになり、その件数はおおよそ五万件くらいあったが、窮状に便乗して声をかけてきたものは、この毛布を売りつけてきた業者ただ一件だった。

午後になると避難所の情報が少しずつはいるようになり、職員も近くに住み、被害が比較的軽かった者だろう、少しずつ集まり始めた。とにかくできることからだ。この時点でガスが使える学校給食施設が四か所あることが分かり、米の確保を指示したが精米を在庫しているところはなく、ようやく米飯給食業者に連絡がとれ数百キログラムの米を使って炊飯、炊きあがったご飯を市庁舎のパーラーに持ち込み、市立保育所の保育士たちが中心になってにぎりめしを休むことなく作り続け、七〇か所あまりの避難所へ届けた。

おそらくその日だけで一万個ほどであったと思う。まだ熱い炊飯米を握り続けたため手は真っ赤になり、やけどのため水ぶくれができる人が続出、必死でやっているから熱いという感覚がマヒしているらしい。その片方で三回目の米の発注をした電話の先からは、「現金でなければ渡せない、こちらも死活問題や。」登庁していた財務部長も即断、「予備費の前渡し現金で用意しよう。お金は何とかするから何時でもきてください。」兵站は整った。

翌一八日も寒い朝だ。時間の記憶がないが救援物資が届き始めた。私の職場の東側に狭い廊下を挟んで職員食堂があって、その厨房でも炊き出しの炊飯をしていたこともあり、自然と救援物資の食品のセンターになる。最初は、受取記録をノートに書き始めたが、誰もが書けるように模造紙を壁に貼って、マジックインクで書いたものの、受け取る量が膨大になり、伝票をはぎ取って残すだけになった。

いつどんな物資を受け取ったか記憶はほとんどないので、その記録を見るとまずパン、都市生協八ケース、霊友会七二〇個、ＪＡ朝来一箱、近畿銀行九〇〇〇個それぞれの関係者が届けてくれ、公用車で避難所へ送る。

その朝のまだ早い時間のことだ、二人の男性が事務所にきて、緊張した面持ちで「ボランティアをしたいのですが、ここでできますか。」と声をかけてきた。「ここでは今難しいので、避難所へ行ってできることをしてくれませんか。お名前と連絡先だけノートに。」私の事務所は、来庁者が最初に目にする場所だ。それからつぎつぎとボランティアが来るようになるとタイミングを合わせるように救援物資が次々と届けられる。そのころには職員も少しずつ増えてきたが、物資はひっきりなしだ。

知らないうちに四人の若者が物資を受け取り、食品は食堂へ、生活必需品は出入口に仕分けして積み上げ、避難所へ向かう車に積み込んでくれている。炊き出しの握り飯をいっしょに食べながら応援に感謝を述べると、「できるかぎりのことをするので、ここに泊まらせてもらっていいですか。」との答え、言葉がでてこない。四〇時間も動き続けてきて、終わりのない作業に、奇跡としか思えない若者たちの登場に言葉を失った。

彼らは市内に住む幼馴染の大学生のグループだった。一つのフロアに保育課があって、その奥まったところの小さなスペースに彼らの仮眠の場所を設け、若者にゆだねる時間に我々も仮眠をとる。彼らは、次々と訪れるボランティアに声をかけて救援物資の荷捌きを指示している。やがてほかにも泊まり込みで夜間に到着する救援物資を荷下ろしして分類するボランティアが増えてきて、深夜に大型トラックが到着すごとに「ただいま救援物資が到着しました、荷下ろしをお願いします。」という庁内アナウンスで集まるもののうち、ボランティアの人数が、職員を超えるようになってきた。

ボランティア元年始まりの始まり

その二日後災害対策本部を受け持つ総務課長が来て「森さんがボランティアの窓口を市役所に設けたいと言ってきているんやけど、あんたのところで受けてくれないか。」との依頼、即決で庁舎防災センターと事務所の間に長机を置いて、翌二一日から社会福祉協議会ボランティアセンターの森さん、高木さん二人が市庁舎の災害救助ボランティアセンターに詰めることになった。

森さんはのちにＮＰＯの世界で活躍をすることになる森綾子さんだ。震災の半年ほど前に宝塚市制四〇周年記念事業として第一回のボランティアフェスティバルを、実行委員会を設けてやったところであった。彼女が主宰する高齢者問題を考える会でのインフォーマルな付き合いがあって、市社会福祉協議会が運営する福祉活動中心のボランティアセンターへの疑問を私にぶつけることが続いていた。

「ちょうどいい機会だ、市制四〇周年の事業を募っているので、教育や文化など異分野のボランティアが集うフェスティバルをやろう。」ということになる。ボランティアセンターが入っていた再開発ビルの一フロアとオープンスペースで二週にわたって活動紹介コーナー、ポスターセッションを実施、まとめのシンポジウムをビル内のホールを満席にしてやりきった余韻が残っていたところだった。ほぼ一年間の準備期間をかけて、「知り合おう」「学び合おう」「手を携え会おう」を合言葉に、おおよそ一四〇〇人のボランティアがかかわって作り上げた新しいネットワークの誕生であった。

この時の実行委員会が母体になって、特定非営利活動促進法ができるとほぼ同時にＮＰＯの中間支援組織宝塚ＮＰＯセンターが設立されることになる。一方で、森さんとともにチバガイギー社に働きかけて作成し、二年ごとに刊行していたボランティア手帳は、二〇〇〇冊以上利用されるようになり、宝塚ボランティアの共有アイテムになっていった。

震災は九月のフェスティバルから四か月後であった。その災害救助ボランティアセンターには、毎日数百人が来てボランティア登録をし、救援物資の受け取り仕分け発送から、救援物資の自転車を使った避難所への情報チーム、避難所での炊き出しなど生活支援チーム、自衛隊が設けてくれた仮設のお風呂の利用支援などなどへ拡大し、それぞれ市職員の手を離れて自立的にボランティアだけで活動がなされるようになっていった。

救援物資に関しては、箕面市から通ってきて、三日と空けずに泊まり込んで活動してくれた和田さんが自然にリーダーになっていた。三〇〇人くらいの人数だったかと思うが、一〇チームくらいに分けて膨大な量の物資を仕分けし、クロネコヤマトや上越市の救援輸送隊の手で避難所へ運ばれていった。私たち職員が直接動かなくて済むようになり、膨大な救援物資を小学校二二校を拠点に、民生委員、自治会、まちづくり協議会の協力で配布する態勢を敷く取り組みを進める。すでに避難所として救援物資輸送の態勢はできているので、地域への呼びかけと配る人手が必要ということだ。「高齢者や障害者がいる世帯を優先してください。」という呼びかけに応える主役は民生委員だ。このシステムが機能してからは、庁舎一階の大きな空間市民ホールにうず高く積みあげられた救援物資の山はみるみる小さくなっていった。

「課長、私たち民生委員が救援物資を配るのはもう無理です。カセットコンロが取り合いになって収拾がつかなくなっています。もう他の物資も配るのはあきらめてください。」ほとんどの小学校区から悲鳴の声が上がって、救援物資を全市民に地域で配布するシステムは一か月ももたずに瞬時に崩れてしまった。

つまりこの仕組みは、市役所が配給することの宿命である公平性が土台になっているために、二一万市民を対象に七千台のカセットコンロを配ることは不可能であった。できるとしたら、抽選によるしかない。このことから、数量が限定されている救援物資の配布は、行政の手を経ずボランティアで受けて配るか、ソーシャルワークに基づく資源の配分による方法をとるしかないことを学ぶことになった。高い代償を払ってだ。

のちに仮設住宅への救援物資として電化製品が届くようになった時に、市で受け取ったものは、日本社会福祉士会の専門職ボランティアがかかわりながらボーイスカウトの手で仮設住宅に届けるという仕組みを設けることと並行して、その拠点とした市立体育館のピロティ型の駐車場の半分は、ボランティアが救援物資の配布活動の拠点とすることとし、市長印をついた出入りの許可証を福祉推進課で発行した。

そのグループのリーダーがのちの中川市長だ。市民活動家として紹介された中川さんからは、「市役所が受け取った救援物資を自分たちが配るので回してほしい。」という要請だった。しかし、「市が受け取ったものは市の責任で配るべきなので、それはできないが皆さんが集めて配られるために必要な場所は、提供しましょう。」ということで、市立体育館の駐車場を用意することにしたのだ。

寒さが厳しい冬だった。災害対策本部が提供する避難所のへの食料は、一月中はお結びが中心であった。記録では三二一〇kgの米を買っているので、六万個くらい作ったことになる。二月にはいると、朝はパンと牛乳、昼食と夕食は、幕の内弁当を避難所ごとに食数をとりまとめ、大阪市内の業者に直接避難所へ届けてもらっていた。

一週目ころであったか「弁当が腐っているぞ。」避難所から厳しい口調で電話が入ってきた。避難している人たちの疲れが感じられるようになったころだ。すぐに回収したが確かに少し匂う。幸い口にはされていなかった。そこへもう一件。どちらもほかほか弁当の業者だ。だれの指摘だったのか定かでないのだが、「弁当の具材は冷ましてからといいます」という声があがって、即業者に断りに走ってわびた。相当な無理を聞いてもらっていたのだ。

避難している人たちの健康の問題は、ひしひしと感じられるようになってきていた。冷たく冷めた幕の内弁当は、三日続けて食べたらのどを通りにくくなる。自衛隊が供給してくれる携帯食も温められていただくとおいしく感じる。

二月も下旬になって、避難所になっている小中学校を所管する部長が相談に来た。ボランティアで全避難所への炊き出しができないだろうかという相談だった。市長が避難所の学校を訪ねた折に暖かいものが食べたいという声をあちこちで聞いたようなのだ。実際にいくつかの避難所では、毎日炊き出しをやっていて、私の所へ救援物資の食材を頻繁に求めてきていた。

中には、調味料など救援物資にはない材料を購入する資金を、地域で集めて実施している避難所もあった。そこからは、市が補助できないかという声もあがっていた。一か所だけに現金の補助は難しいと断っていたため、自分たちで募金をして賄っていたのだ。

こればかりは即断できない話だ。一応引き取って、救援物資を毎日のように取りに来ているボランティアの数人に声をかけて、一度集まってみることにした。数日後の会合では、救援物資で賄えないものを市が補助することができれば、やれるとの結論、一食五〇円あればとのみんなの意見、これは即決。実行委員長は文化活動ボランティアで後に市会議員になる杉本和子さんが担ってくれることに。

公民館三か所、福祉センター、保健所、中山台コミュニティセンターの六か所の調理室が使えることになり、文化、国際支援、スポーツ、福祉のボランティアグループが責任分担を決め、搬送のためのバッカンなどは学校給食の道具を借用、約七〇か所の避難所への運搬は、それぞれのグループ個人の車で行うことを決め、三月一日から一か月限定で実施することにした。

すごい、の一言に尽きる。一か月間完璧に実現した。四月に入り、順次避難所が閉鎖されていくのだが、残った避難所で続けるグループもたくさんあった。いったい何人のボランティアが動いたのかは、カウントもしなかったが、自らの住居が被災した市民もたくさん参加したことは聞こえてきていた。まだ自宅で生活できているのだから、自宅を失った人を支えようという市民の力であった。

災害時要援護者を訪ねる・護る

震災時に市高年福祉課には訪問看護ステーションとヘルパーステーションがあり、課長級の看護師が管理者として配置されていた。その職員のほとんどが市内在住で、幸い負傷もなく、直後から把握している約一〇〇〇人の要援護高齢者の安否確認に取り組んだのだが、独り住まいの高齢者と障害者の安否をどうするか、出勤できている職員はまだ限られており、それぞれに不眠不休で活動している。

二月に入って間もないころ、日本社会福祉士会から池田さんと芝さんが来て、専門職団体として活動したいとの相談があった。受け入れを即決した。というのは、二年前ミシガン大学の短期セミナーに参加したとき、ミシシッピ川の大洪水があって、テレビで報道された専門職ボランティアの活躍が強い印象として残っていて、専門職のボランティアに否定的なイメージを払拭できるのではないかという思いもあった。

高年福祉課には渡りに船ではないかと事務室の奥の書庫兼面談室を提供し、さっそく高齢者世帯の安否確認をと動き始めたところに、名簿を渡すことに疑問が出た。念のために高年福祉課長自身で法務省に電話をしてもらい、「問題はないのでは」との回答を得て、市庁舎内に日本社会福祉士会の現地事務所を設置し、六〇〇〇件を超える在宅高齢者の安否と福祉ニーズの把握が実現した。

加えて、その直後に避難所から仮設住宅への支援をどうするのかという課題も見え始めていた。同会に対しては、仮設住宅の入居者への福祉ニーズの把握と相談支援に加えて仮設住宅設置場所ごとのコミュニティ（自治会）形成の支援も要請し、同会には十二分の対応をしてもらうことができた。先に述べた、ニーズに応じた救援部物資の配布もその一つである。

余談だが、宝塚市民病院の副総婦長だった黒田裕子さんは、発生直後に市立体育館に向かい、次々運ばれてくる負傷者をケアする救護所を設け、避難してくる高齢者や有病者の世話を続けていた。二日目の夜であったか、ボランティア医師団の受け入れと自身の身の振り方を相談に来たので、病院での責任もあるがボランティア救護所の代りはいない、理解は得られると背中を押した。後に宝塚市の避難所での責任を果たした後、神戸市の仮設そして復興住宅の要援護者の支援に全身全霊で取り組むことになる。

黒田さんからは市立病院開院直後からホスピスケア病棟開設の相談をインフォーマルに受けていて、ミシガン大学短期セミナーも黒田さんの紹介でご一緒していた。ちなみに黒田さんを追うようにして亡くなったこぶし園の小山剛さんもその時のメンバーだ。

二次避難所を開設する

そのころ、各避難所ではケアが困難な人々とその家族が、一般の避難所になっている総合福祉センターに集まり始めていた。市社会福祉協議会は、一般避難所の運営に二四時間対応をする上に、二四時間ケアが必要な避難者への対応が必要になり、市への要請が届いていた。福祉センターでは、隣接するデイサービスセンターを要援護者の避難所としていたが、浴室を開放するために福祉センターの機能訓練室に移行した。増え続ける要介護の避難者に、ケアの態勢は一層困難を極めつつあった。

「ボランティアを派遣したいが受け入れできますか。全国ヘルパー協会の井上さんからのお話ですが。」ミシガン大学短期セミナー運営委員会の責任者である黒田輝政さんからの電話は、願ってもないタイミングであった。毎日二四時間体制で全国からホームヘルパーの専門職が総合福祉センターへボランティア派遣されることになり、運営が可能になった。さらに聖隷福祉事業団が運営する特別養護老人ホーム栄光園にも二次避難所開設を要請し、四十数名の要介護者の避難所が実現した。

要援護者の避難所を二次避難所と位置付けて、有給の介護ヘルパーの人件費などを含む運営経費は市が負担することにしていたが、後日災害救助費を兵庫県に請求する段階になって、これらを救助費の対象にするよう要請の文書を作成して兵庫県の担当者と協議して、県から国に要請することになり、認められた。

これはのちに、福祉避難所として制度化され、東北大震災の救助活動では大きな柱の一つになるのだが、その制度化に、宝塚市に隣接する伊丹市で三年間仕事をされていた厚生労働省の伊原和人さんが従事されていたことを後日知って、縁のようなものを感じもした。

市社会福祉協議会の佐藤寿一さんとは、勉強会やイベントを通して親しくしていたことが災害救助の、特に要援護者の救助活動では緊密な連携につながった。第二次避難所の開設運営しかりだがその外にも、二か所の企業の独身寮を借り受けて要支援者の避難所にして継続的に支援したことなどがある。

仮設グループホームと一〇〇日を超えて

二次避難所や要支援者の避難所だけでなく、一般の避難所にも要援護者で支える家族がいない多くの人が避難をしていた。四月には仮設住宅への移行が始まっていたが、これらの人々の暮らしは成り立たないことは明らかであった。三月の中頃ではなかったかと記憶している、当時宮城県知事の浅野史郎さんが、宮城県下の企業の支援で芦屋市に仮設グループホームを建てるというニュースが飛び込んできた。厚生省障害福祉課長時代に障害者のグループホームを制度化した人だ。

宝塚市では、早くから知的障害者の親の会が訓練ホームを運営していて、市もグループホームづくりを応援し、三か所できたところでもあった。なじみの制度だったこともあり、兵庫県に打診したところ、県の仮設住宅担当もすでに具体化を検討していて、開設することを即決し、公園緑地課との相談の結果、二か所の公園での設置が実現した。

ただ運営は、簡単ではない。このグループホームは高齢者が主になるので、二四時間対応の世話人が必要だ。思案をしていたところへ市が誘致整備を進めていた特別養護老人ホームの施設長予定者が来てくれて、できることがあればとの申し入れ、渡りに船だ。

とはいえ、仮設グループホームの次、復興住宅はどうするという課題が一〇〇日を超えて押し寄せてくる。チャンスだ！コレクティブハウスをやってみよう。断続的に研究会をやってきていた石東直子さんに建設後のサポートを相談すると、やろうということに。神戸市でも検討が進んでいて、神戸市に五か所、宝塚市に一か所の復興コレクティブハウジングが実現した。コレクティブハウジング応援団のサポートで当初のコミュニティ形成が図られたあと、民生委員を中心にした地元の支援に切り替わり、今日では、地域のサロン活動などの拠点にもなっている。

一〇〇日を迎えたころ、ようやく自分の生活を少しずつ普通に戻すことができるようになってきた。あとで勤務の状況を見たら休んだのはわずか五日だけだった。庁舎で何泊したかわからない。最初に尼崎市の銭湯でお風呂に入れたのは三週間後だったか。この間体重は九kg減って四九kgになっていた。間に二回声が出なくなった。あ過労死かという瞬間も。それまでそうとう白いものがあった頭髪が真っ黒になったのが不思議だった。

自治体職員は不眠不休で救助、復興にまい進した。同じことをもう一度と言われても不可能だ。もちろん自治体職員だけではない。ただ自治体職員だからこそ、向かい合ったこと、それは何物にも代えがたい誇りだ。自治体職員であってよかったと今でもしみじみとかみしめている。

（二〇一八年一月九日）

＊　本稿は、自治体活性化研究会編著『自治体職員かく生きる』に掲載した文章を再録した。

組織の一員としてどう生きるか

一　政治的な意見の対立と調整

自治体の仕事の多くは、政策、施策、事業のどの段階においても、そのほとんどが対立する意見を経て方向付けがなされ、実施されていく。対立の強弱はあっても反対意見がまったくないという仕事は考えられない。

たとえば「防災対策」については誰も異論はないが、大津波対策で巨大な堤防を築くことについては賛否両論が交わされる。このような総論賛成各論反対という事態は、どのような自治体運営の場面でも経験することだ。

またそれは新たな事業に着手するときだけではなく、住民の権利を規制するような行政分野においても出現する。都市計画の用途規制などはその典型だろう。それも法的なメルクマールを超えるような規制を、住民の強い意向に即して実施することもある。かつて全国の自治体で試みられた強い建築規制を含んだ指導要綱の制定など、争訟に持ち込まれて最後は、裁判所で違法の審査が下されるような施策に携わる自治体職員も少なくはない。

新たな事業であれ権利の規制であれ、その大本は住民の要望に根差している。例えば町内会の代表者が、道路の渋滞や騒音など環境悪化への懸念や子どもへの教育的配慮から、建設予定の娯楽施設にストップをかけてほしいと窓口を訪れる。担当職員は法的な規制はかからないので事業者へ改善を要請するのだが、その一方で住民は、署名運動や街頭活動をしながら理事者に訴え、理事者はその訴えが多くの住民のものであることを認識する。だが一方でまちの活性化のためにはむしろ積極的に誘致をするべきだという意見も少なからずある。カジノをめぐる議論はそれに類する議論だ。

その娯楽施設の良しあしを議論し、環境問題とのバランスを図りながら決着をつけていくことはまさしく政治の役割である。政治の第一義的役割は、利害を異にする集団の利害を調整することにある。理事者は支持母体の考えに寄り添いながら、自らの信念に基づいて方針を固めて議会の議論に付し、大勢と一致すれば進められ、反対多数であれば多くは留保ということになる。

政治の機能とは異なり、それを担当する自治体職員が取らねばならない行動は、決まっている。まず住民の意向を的確にとらえて、首長に伝え、議会に説明をする。二番目に、規制の制度的、法的可能性を学識者や法律家の支援を得ながら、理論的かつ実証的に調査し、考え方を取りまとめ理事者に報告し、場合によっては議会、住民に直接説明することが求められる。争訟の結果敗訴して何億円もの賠償が生じるようなことが予測されるような場合には、特に精緻な検討が必要だ。

職員も生活者である。個々人の価値観や考え方から課題となる政策に個人的には賛成である場合も反対である場合もある。時には明らかに事務処理の進め方にバイアスがかかっているような行動をする職員もまったくないわけではない。しかしそれは、自治体職員の規範の根幹である「全体の奉仕者」に背くことであると同時に多くは思いとは逆の結果を招くことは実感するところだ。

では、個人としての考えを例えば議会の委員会で問われるような場合はどうか。多くの場合は、「個人的な見解は、差し控える。」ということになろうが、自身が政策提言発案の責任者であるような場合はどうだろう。多くの管理職たちは、堂々と積極的な展開を述べるのではないだろうか。かつてはよくみられた福祉施設に反対する住民の説得などは、自身の価値観に基づく信念がなければできるものではない。

ただ自治体職員の多くは公共に仕えることを信念として働くことを選んだ人たちである。どのような問題、課題があっても住民のためというところでは、共通の土台があることに変わりはない。自治体の仕事は例外なくその土台の上にあることを考えれば、ほとんどの場合は、施策、事業の理念と職員の価値観とは一致しているということだ。住民の主張や議会での議論を聞いて右往左往することではない。

二　理事者と自治体職員

限られた予算の中でA地区の道路補修とB地区の道路補修のどちらを優先するのか、議会を巻き込んで地区同士の争いにまでなってきている。次々と道路が整備された時代にはこんなことは考えられなかったが、限られた予算で、舗装などの寿命が次々に訪れる今日では普通にありえることだ。この個所付けこそ理事者の専決事項だとする感覚は時代遅れだ。たとえ理事者がA地区の出身で何とかしたいと思っていた、あるいはあからさまに言っていたとしても自治体職員は、客観的に判断する材料をそろえ、方向を示して伺いを立てることになる。

事故の危険が高い状況の道路であれば、最優先にすべきで議論の余地はない。また道路の補修ではなく新設整備であれば、総合計画や基本計画に基づいて実施計画が定められ、都市計画法により線形が描かれており、政治的な調整はすでに決着している。

では、計画はなく危険度など客観的な判断材料がないような場合はどうだろう。当然だれであろうと理事者の指示に従うことになる。もっとも現実の現場の多くでは、理事者が直接かかわりをもつことは少なく、道路補修の優先順位は担当者が決め、少し利害が輻輳しても課長が判断して優先順位を決めて施工される。道路や下水など都市基盤整備が計画によって円滑に推進することで分かるように、「計画」は理事者が職員と一体になって事業を進めるためには不可欠なものなのである。

理事者と幹部職員で構成する定例的な会議は、名称は何であれすべての自治体に設置されている。民間企業でいえば役員会だ。構成内容や発言の自由度などは千差万別だが、理事者の判断に異を唱えることは、どのような場合でも勇気のいることだ。そもそもやみくもに理事者にたてつく職員はそのような場には参加させてもらえないはずだから、異をとなえる職員は、一応場をわきまえていることが前提の話である。

この会議でのやりとりこそ、議会とのやりとり以上に行政組織の長としての理事者の力量とセンスが問われる場面であった。議会とのやりとりは政治家としての力量だが、この会議では組織の長としての力量が問われる。また職員の側には理事者を支える幹部職員の力量も同時に問われることになる。ありきたりのことではあるが、住民の付託に応えるという理事者と自治体職員の間で共有する土台、価値観にのっとった議論を尽くし、あるべき姿を導くことが理事者と職員双方の責務であることは自明のことだ。

しかし、人間社会の宿痾として多くはそうはならないのが現実だろう。理事者は厳しい選挙を戦い、政敵との政治生命をかけた勝負を経てきた器だ、ましてや任命権をもつ部下だ、「わかったあなたの言うとおりだ」ということにはならない。

かつて自治省と呼ばれていたころにだが、選挙事務を担当しているキャリア官僚から、「どんなに優秀で勉強をしていても、投票用紙に自分の名前を簡単には書いてもらえない。それを書かす政治家の凄さ」という言葉を聞いたことが強く印象に残っている。

自治体職員が果たすべき責任の極みがここにある。組織の一員としてルールを守り職務命令に従うことは当然のこととして、ただ全体の奉仕者として住民の付託に応えてあるべき姿を理事者に訴え、理をつくして説得をし、また自説に必要な変更を加え、時には清く取り下げることが実は求められていることなのだ。

とは言いながら、理事者の自治体統治の理念や手法は多様である。多くの民間企業のように、自治体の組織活動の中にトップの人材を養成するような機能を備えたところはない。むしろあってはならないのであって、組織として要請すべき人材は、選挙によって市民に政策課題と行政組織の統治を付託された理事者を支え実行する力量をもつ職員である。

三　自治体の計画づくりと職員

かつて自治体の計画は、予算の単年度主義では整備ができない大規模な都市基盤設備や公共施設整備を円滑に進めるための計画であり、期間を一〇年単位とする総合計画・基本計画があり三年単位の実施計画が策定されて予算に反映された。住民の意思は、理事者と議会を選挙で選ぶことで計画を承認し、実施した成果の評価も選挙に反映されるという仮説のもとに、ＰＤＣＡサイクルは、一応あったと言えよう。

その中には、教育、福祉、文化などのソフトの事業もないわけではないが、多くは予算が事業計画そのものであるという時代が長くつづいた。「昭和」でくくられる時代は、そうであったと言えよう。その「昭和」から「平成」に変わったその時代の節目は、自治体に大きな変化を迫った潮目でもあった。

その変化の社会的な側面は、高度経済成長の終焉、いわゆるバブルの崩壊である。それから三〇年が経ち、改元を目前にして今更三〇年前の議論をということではあろうが、この三〇年間の自治体の取り組みの中身が、次の時代の自治体のありかた、極論をすれば存亡にかかっていると言っても過言ではない。それは、表現を変えれば自治体職員がわき役から主役に躍り出た時代でもあった。様々な分野で、あるいは地域でカリスマ職員と呼ばれる人たちが現れ、次の世代の職員のあこがれにもなった時代でもあったのである。

税収減と財政危機は、住民が政策や施策の肉付けや優先順位を選挙で選んだ理事者や議会に丸投げにしておくことを許さない事態を招くことになった。投下した資源（税）が有効に活用されて成果を上げたかどうか、その責任を全面的に理事者と議会にゆだねていては、自治体の未来は描けないという事態に迫られたのである。

もう片方では市民社会の成熟ということがあった。一九八六年に出版された「社会教育の終焉」（松下圭一著）は、地方自治の確立と市民社会の成熟とを不可分な一体のものとして捉え、地方政府における新たな市民の役割とそれを支える自治体職員の新たな働き方を予言的に示唆するものであった。

その時代の自治体のＰＤＣＡを再現してみるとこうだ。まず計画（Ｐｌａｎ）については、専門家や自治体につながる団体の代表と議会、職員などが構成する委員会が原案を策定しそれを認定した理事者が議会に提示し承認された総合計画と基本計画がある。それをもとに理事者は企画部門のスタッフのサポートを受けながら担当課、係が提案した実施計画を査定し実施計画を策定する。その実施計画に基づき年度単位の予算の配分を決め議会に提案、予算委員会で議論をつめて議会で議決承認し、実行する（Ｄｏ）。

当該年度が終われば実施の結果は決算という形で表され監査委員による監査が行われたあとその結果は議会に報告され、決算委員会で評価がなされ（Ｃｈｅｃｋ）て議会の承認を受ける。

そう、この基本構造は今でも変わらず続いているものだが、計画の見直し（Ａｃｔｉｏｎ）は評価と繋がっているようには見えない。総合計画は実施期の評価をふまえて見直されることにはなっているが、実施計画と予算の評価が見える形で総合計画に反映されることは少ない。税を財源とする予算が執行されてどのような成果を上げたのかは、実質的に決算委員会に評価の全権が委任されているのであるが、委員会を傍聴するか議事録を読まない限り評価の内容を知ることはできないのである。

自治体のマネジメントは、議会制民主主義だけでは不十分であることが知られるようになり、ヨーロッパや米国で様々な取り組みが始まるのだが、その鍵が政策評価であり、評価に基づいて政策を見直す仕組みが必要になり、評価の見える化が求められてきた。そもそも自治体が取り組む政策、施策、事業は住民の暮らしをよりよくするためのものである。それを行う目的が明らかにされ、到達すべき目標が示されるために計画を必要としている。

計画で示される目標は、到達すべきイメージを言葉で表す目標（Ｇｏａｌ）と到達するために実行すべき内容を数値で表す目標（Ｔａｒｇｅｔ）と二つの表現で表すこととしたのが、自治体行政評価の口火を切ったとして知られるオレゴンベンチマークである。

またその評価の指標として、資源（予算）の投下・執行レベルのインプット（Ｉｎｐｕｔ）からサービスの受益者の数などの結果（Ｏｕｔｐｕｔ）さらにその結果として受益者の好ましい変化などの成果（Ｏｕｔｃｏｍｅ）が多くの自治体で示されるようになり、行政評価システムは自治体にとって普通に行われるものとなった。

しかし現実にはこのような計画と評価・見直しを客観的かつ科学的に実行することはなかなか困難なことであり、加えてこれらが住民の暮らしに密着し、影響が大きいことから住民の直接的な参加の仕組みが不可欠であることを考えれば、自治体の職員にはとてつもなく難しい役割が求められているのではないだろうか。

実際には、コンサルタントの力を借りるところも多く、時には丸投げというところも少なくない。その結果同じコンサルを使ったところの計画は、みな同じというようなことがあったり、計画策定だけで評価はなしというところも数多く見られた。また、コンサルの力量も様々で計画における目標（Ｇｏａｌ）や評価における成果（Ｏｕｔｃｏｍｅ）が表せていないことも普通にある。それでも住民参加で策定したと堂々と書いてあることも多いのだ。

多くの自治体が存亡の危機に直面し、住民の暮らしが厳しくなり、次世代の育成が困難を極め、持続可能な地域づくりが問われている今日こそ、地域資源や住民の力を最大限に発揮するためのマネジメントが求められており、そのファシリテーターとなるのは、コンサルではない自治体の職員なのであり、それは限界集落に限ったことではなくすべての自治体においてである。

そのような自治体のマネジメントサイクルが変革を求められ、住民の参画と協働が不可欠となってゆく過程で大きな役割を果したのが分野ごとあるいは分野を横断するための行政計画である。一九七〇年代から地域社会の大きな課題となっていった環境問題や高齢化、少子高齢化の問題に向き合うためには中長期的な計画が市民の参画を得て策定されるようになった。

総合計画・基本計画では描き切れていないち密な政策課題が数値目標を掲げて計画化され、数値目標に対する結果指標と計画に掲げられたビジョンに対する成果指標が掲げられて、実行した計画項目に対してその評価の見える化がなされるようになり、現在に至っている。

そして住民主体のワークショップなど計画策定で培われた住民参加の仕組みができてきたことから、今日では、近隣地域のまちづくりやコミュニティの自治が地域住民自身の計画、実施、評価、見直しというマネジメントの形をとって地域の課題解決、発展を達成しつつある自治体も少なくない。

これら地域の持つ力を最大限に引き出し、未来につなげていく原動力になったのは、地域の人間的魅力にあふれるリーダーたちとクールな情熱と持続的学習能力をもつ自治体職員であったことは紛れもないことで、これからもそうであるにちがいない。

四　自治体における政治と行政

自治体職員の日々の営みは、サービスの提供か行政権力の行使かという問いかけはおよそ不毛であって、その両方であるというのが当然の答えだ。いつのころからか権力というイメージは薄められ行政サービスという言葉が定着する反面、公僕という言い方がなくなり行政マン（パーソン？）と呼ぶことが多くなってきたようでもある。

かつて行政は「お上」であって司法警察官や徴税吏員という、住民に高圧的にふるまうイメージであった。これらの行政権力を民主的にコントロールする役割が議会であるため構図的に行政職員は議会議員には低姿勢で臨まざるを得なくなるのは今日でもそうである。で、その議員は選挙で投票してもらうためには、有権者にひたすら頭を下げ、陳情にまい進することになる。しかし今日このようなイメージを描く自治体職員はいない。議会にも住民にも低姿勢というのが自治体職員の実感ではないだろうか。

しかし、この関係は大きな変化を見せた。納税者意識の高まり、もの申す住民の増大、モンスタークレーマーが日常化する一方で、住民の当事者意識の高まり、行政計画策定への参画、まちづくりへの主体的な参加など自治体職員と対等な立場で協働作業が行える機会が増え、時にはソーシャルアクションにより具体的政策や事業を起こすようなことも普通に見られるようになってきた。

本来、地域課題についての住民の考えと議会の認識、理事者と行政組織としての把握内容は共通したものであり、利害の衝突があったとしても、円滑に動くものであると考えられる。しかしこのような動きは、本来政治が担ってきた「政治」そのものであるために、既存のシステムとのあいだに摩擦を生みがちなこともよく経験するところである。議員から理事者を通じて降りてきた施策課題が現場で積み上げた住民の議論とのあいだに隔たりが生じたときに板挟みになるのが自治体職員だ。

たとえばこんなことが起きたりはしていないだろうか。高齢者の自立支援のために地域のボランティアや民生委員と民家を借りて会食を中心にしたサロンを展開しようとしていたところに、機械を使った健康づくりを主にしたデイサロンを地域に誘致していく方針が降りてきたというようなことだ。

このような事態は政治化していかざるを得ないだけに悩ましい問題ではあるのだが、住民と協働して築き上げた議論は、すでに政治的パワーになっていることは、だれしも分かることだ。それが分からない理事者は早晩退場することになる。職員としては一時的にその仕事を外されることがあったとしても、職を失うことはない。ちなみに自治体職員のありがたいところは、左遷という概念が成り立ちにくいというところだ。住民とともに考える姿勢があれば、どんな仕事も面白いのが自治体の職場だ。

ただそうは言うものの、二元代表制のもとでの政治メカニズムは様々で、議会がオール与党ということもあれば、ほとんどが野党ということもある。また昨今の傾向は、少数意見の尊重やコミュニティの統合という理念が薄れて、選挙で勝利したものは全権を付託されているかのようにふるまい、平然と統合ではなく断絶をもたらす理事者やそれを支持する議員も多々ある。

それらも選んだ住民の意思といえばそれまでだが、考えや振る舞いがすべて正義ということはありえないのであるから、降りてくる政策については沈着冷静に対処することが職員の責務であることは言うまでもない。また人物評価はさておき組織の秩序に従って政策を進めていくことは当然である。問題は明らかに住民の最善の利益に反すると考えられる時である。

それが住民と議論を尽くしてきた結果として理事者にNOを訴えていくことは先述したとおりだが、そういうプロセスがないもので客観的に住民の利益に反すると考えられる時である。それが法に触れ正義に反する時にはＮＯということに躊躇はいらない。刑法に定める背任罪や刑事訴訟法第二三九条第二項公務員の告訴義務を説明すれば済むことだ。

そのような案件ではない場合に残された道は、議会の議論に持ち込み、政治に返すというようなことになるが、その案件が明確に市民の利益に反することがよほど明確でない限り慎重にすべきところであろう。

筆者が行財政改革担当課長で行政評価に取り組んでいた時の話である。激戦の選挙を勝ち抜いてきた新市長のもとで引き続き評価システムを推進していたおりに、これは勇み足としか言いようがないのであるが、事務事業の事前評価、実施計画の採択を客観的な評価基準を用いて決めるということを実行した結果、市長選挙で公約に掲げていた事業が不採択になったのである。当然の結果として、まもなく行革担当課長のポストから降りることとなった。これが政治である。

（二〇一八年四月一八日）

＊　本稿は、自治体活性化研究会編著『自治体職員かく生きる』に掲載した文章を再録した。

見えてきた地域福祉の課題

信州大学名誉教授下田平先生は、新型コロナウイルスが巻き起こす様々な社会的混乱への透徹した分析から、今日の地域社会が抱える課題を明らかにされ、解決への道筋を示す論評を自治体活性化研究会メンバーに「コロナ通信」として投げかけられていた。

そのコロナ通信四終章の提言「あらゆる種類の活動の場で、大中小の規模を問わず、場所を問わず、重層的で、世代を超えた、さまざまな形のコミュニティづくりが必要ではないか… 何のことはない… 今までに、福祉に関わるものが行ってきた当たり前の主張の延長のようなものですけれど、もっともっと意識化して…」は、地域福祉にかかわりのある人々に踏み込むべき地平が指し示されたものであった。

この半世紀社会福祉協議会が取り組んできた地区社協を経た福祉コミュニティづくりは、四半世紀来の度重なる大規模災害の救助・復興活動とそれに連なるＮＰＯやコミュニティビジネスなどミッション型の社会活動の基盤を形作った基礎構造改革に結実し、今日に至っている。

その様相は、下田平先生が指摘するさまざまな形のコミュニティづくりがあたかも実現したかのように百花繚乱である。にもかかわらず、その実感が得られず、新型コロナ下でのアジェンダとしてあらためて指し示されていることをどのように解題し、具体の一歩を踏みだすか、これまでの取り組みを振り返りなから考えてみよう。

一　コミュニティエリアの再編から

今を遡ること一五年、宝塚市において福祉のラウンドテーブルを始めたことが、意識した福祉のコミュニティづくりへのかかわりの始まりである。さらに遡ること一〇年、阪神淡路大震災の復興事業さなかのある日、宝塚市役所の地域づくり、コミュニティに携わるコミュニティ課、福祉推進・総務課、都市計画課三課長がコミュニティエリアの再編成について会議を持った。

コミュニティ課所管のまちづくり協議会は小学校区単位、自治会連合会のブロックは五ブロック、都市計画は五範域、民生委員連合会は七地区それぞれが、ばらばらの区域割という状況で、これからのまちづくり活動のブレーキになることは明白であった。しかし、それらを再編成するための柱になる考えを持たなければ、地域のリーダーたちの了解を取り付けることは不可能であった。

福祉推進・総務課長としてこの問題の解決を模索していたところに神戸市の図書館でたまたま手にした、都市問題研究所発行の機関誌に当時筑波大学におられた鳥越教授が論文を掲載されていて、この難題を紐解く手がかりが明快に示されていたのだ。特に、中間エリアの設定が不可欠なものとして描かれていた。

地域主体の地域密着のエリア、おおむね中学校区くらいの中範域エリア、そして都市全体という構図である。その中範域が重要で、行政と地域のインターフェイスの機能を持つものとして論考の柱になっていた。

さっそくコミュニティ、都市計画両課長に声をかけ、上司も部下も交えずに三人でこの再編成の戦略を練り、自治会連合会、都市計画審議会、地区民生委員協議会それぞれの主要リーダーたちに働きかけ、一月も要することなしに合意形成が図られ、それぞれの機関がエリア再編の手続きを開始した。

現在いうところのコミュニティ三層構造の始まりであり、以降、地域とかかわりのある行政サービスは、第二層のエリアを基準に整備され、地域課題を協議する枠組みも、第三層「まちづくり協議会」二層「七ブロック会議」の構成になり、第二層は地域と行政のインターフェイスという形が出来上がった。

そして満を持してまちづくり協議会の地域計画づくり、七ブロックごとの地域福祉計画、全体の地域福祉計画を策定し、当時大阪人間科学大学で担当していた私の「地域福祉計画論」を宝塚市で具体化することになった。

二　福祉のラウンドテーブルを開設

福祉のラウンドテーブルは、この三層の計画の進捗と評価、そして見直しを目指して出発した。

宝塚市の地域福祉計画は、市行政計画として通常の審議会方式での策定手順に入る前に、市域七ブロックごとに地域住民二〇名と市行政（計画担当と地域の課題にかかわる担当職員）とがワークショップ（策定委員会）を重ねながら地域ごとの福祉計画を策定した。その具体については、生活福祉研究機構が二〇〇三年一月に編集発行した『わがまちの地域福祉計画づくり』第四章第四節「実際の地域福祉計画づくり」に詳述しているので参照願いたい。

その記事の四「計画の実効性をめざして」では、その最後に「七ブロックごとの地域福祉計画が描いている地域像が、重度の障害をもって、ホームレスになって、あるいは痴呆になって暮らし続けることができる地域社会になっているかを問いかけ続けることが必要である。計画の策定は住民参加の地域福祉システムをつくるスタートであり、計画の実施と住民の活動が広がることによって誰もが暮らし続けることができる地域社会を実現することがゴールである。」と記述している。

ここに書いている「問いかけ続ける」ための仕組みとして、三層ごとの円卓会議（ラウンドテーブル）の形成を目指し、まず第一層全市のラウンドメンバーに民生委員連合会役員、自治会連合会役員、医師会役員、福祉サービス事業者、ボランティア、障害者当事者、市職員、それにオブザーバーとして学識経験者関西学院大学藤井教授の参加を得て、事務局を市社協が担うこととして一応の形は整った。

そもそも福祉のラウンドテーブルは、近畿大学で都市計画の講座を主宰している久教授が、地域コミュニティの意思形成の手法として八尾市や箕面市で実践され、その成果をもって川西市で福祉分野にその手法を持ちこまれたものである。言葉のとおりに円卓会議でステイクホールダーによる上下がないフラットな会議の形式で、川西市では地域での議論が活発に行われていたとのことを聞いたことから、宝塚の地域福祉に導入することとした。

三　深刻な地域課題に向き合う

毎月一回夕刻に総合福祉センターに集まり、とにかく今地域にあるニーズを挙げていこうということで議論がはじまった。実に様々な課題が議論される中で、かつては地域のサロン活動に自宅を提供していたご夫婦の夫が亡くなり、やがて妻も認知症を患い、老健や特養を経て入院ということになった。しかしその人を良く知り、その生活の悲惨さを見かねたラウンドテーブルのメンバーから、自宅をデイサービス施設にして住みながらケアを受けられるようにしようというアイディアが出され、ＮＰＯを設立して地域ぐるみで取り組む事業が始められる。

具体の事業は、責任があいまいなラウンドテーブルが担うことは難しく、トップのリーダーシップが発揮できる事業体としてＮＰＯ法人が選択された。たしかに調査研究や議論はラウンドテーブル、執行はＮＰＯという形は議会と執行機関に似ており、普遍性を帯びた民主的社会システムの原型とも思われる。ラウンドのメンバーは直接執行に携わらないが、継続的にサポートしていくその関係性は大変重要と考えられる。とくにそのＮＰＯが新たな課題に直面した時ラウンドテーブルにフィードバックすることでより的確な資源の開発や的確な対応策につながることを経験した。たとえば、ＤＶで避難してきた高齢者や母子をかくまい、一年を超えて住まわしつづけることに、制度との整合や支援のネットワークの形成など、力を発揮することになる。

このような地域の実践をとおして特養、児童館に設置されている地域包括支援センターとのつながりも深まり、現在では地域の子どもたち高齢者が定期的に食事を共にし、レクレーションを行う活動に展開している。

四　新たなネットワーク形成のベースに

宝塚市では早くから市民のボランティア活動が盛んだったことから、市民の手による民家型デイサービス、いわゆる宅老所が介護保険制度以前から取り組まれてきており、介護保険が始まってから開設されたものも含めて最も多い時に一一カ所にもなっていた。それぞれが地域のボランティア活動に支えられた事業であり、介護保険がカバーしない子どものあずかりや認知症高齢者の見守りなど多様な取り組みを行いつつ地域の多様なニーズに応える資源となっていた。

ただ認知症サポーターの養成など個々の宅老所だけでは対応が困難なことも出現するとともに、市行政からもその組織化が期待されたこともあり、二〇〇六年には「民家型デイ連絡会」を組織化し、認知症サポーター養成講座などに取り組んだ。

同様に様々な地域活動をネットワークする活動にも取り組んできており、二〇〇四年には「子育てぶっちゃけサロン」を立ち上げ、二〇〇五年には「これからの地域福祉を考えるフォーラム・in宝塚」も開催している。二〇〇八年には「ふれあいいきいきサロンプロジェクトチーム」による強化活動により、市内で一〇〇か所以上のサロンが開催されるに至った。

これらの地域福祉ネットワーク活動を踏まえて、地域ケアのあり方を制度面からも検討していく必要が生じたことから、研究会を開催し報告書「安心しておいるために」を取りまとめた。

これらの活動を振り返ると、望ましいこと、できうることを考え得る限りやってきた感があるのであるが、社会の変化の現実には届くべくもなく、新たな取り組みが求められていることを痛感せざるをえない。

（二〇二〇年一一月一三日）

年譜

西暦	年号	出来事等
一九四九	昭和二四	福岡県大牟田市に誕生
一九六五	昭和四〇	大牟田市立勝立中学校卒業
一九六八	昭和四三	福岡県立三池高等学校卒業
一九七三	昭和四八	関西学院大学卒業 （株）ダスキン入社
一九七四	昭和四九	宝塚市役所就職　選挙管理委員会事務局
一九八〇	昭和五五	教育委員会事務局総務課
一九八二	昭和五七	土木部道路管理課管理係長
一九八四	昭和五九	宝塚市職員労働組合執行委員教宣部長
一九八五	昭和六〇	ロータリークラブGSE研修（六週間西オーストラリア州派遣） 総務部人事課人事係長
一九八八	昭和六三	市職員海外派遣制度試行

一九八九	平成元	役職定年制創設
一九九〇	平成二	福祉部福祉推進課副課長 宝塚市高齢化社会対策長期推進計画策定 長寿社会市民フォーラム開催 車いすウォークラリー共催
一九九一	平成三	車いすガイドブック作成 グループホーム等調査（ミネソタ州セントポール） 福祉のまちづくりガイドブック刊行
一九九二	平成四	宝塚市保健福祉サービス公社設立調整
一九九三	平成五	ミシガン大学老年学短期セミナー受講 三市一町阪神レスパイトケア開設
一九九四	平成六	健康福祉部総務課長兼福祉推進課長 知的障害者通所授産「施設ワークプラザ宝塚」・生活 訓練施設ENJOYハウス整備 職域開発指導員設置 ボランティアフェスティバル開催 第２次障害者施策長期推進計画策定

一九九五	平成七	**一月十七日阪神淡路大震災** ボランティア本部設置 専門職ボランティア現地本部（社会福祉士会） 全避難所炊き出しネットワーク 二次避難所設置（総合福祉センター他） 仮設グループホーム整備 復興コレクティブハウジング誘致
一九九六	平成八	ボランティアによる毎日型配食サービス開設 地域安心拠点整備構想策定（兵庫県）
一九九七	平成九	コミュニティ七ブロック調整 民家型デイサービス整備助成・委託
一九九八	平成一〇	宝塚市児童育成計画（エンゼルプラン）策定 健康福祉部長寿福祉課長 よりあい広場整備 社協地区センター配置 全国健康長寿のまちづくりシンポジウム開催 特別養護老人ホーム・ケアハウス誘致推進

一九九九	平成一一	（財）プラザコム設立支援 ボランティアセンター整備支援 老人福祉・大型児童複合施設（フレミラ宝塚）計画策定
二〇〇〇	平成一二	介護保険特別給付配食サービス開設
二〇〇一	平成一三	企画部政策室課長 大阪人間科学大学非常勤講師（地域福祉計画論）
二〇〇三	平成十五	企画部行財政改革室課長 行革プランとりまとめ 行政評価システム整備 ピッツバーグ大学世代間交流学会発表
二〇〇四	平成十六	環境部ごみ政策課長 一般家庭ごみ収集の有料化・プラごみの分別収集等の審議会答申とりまとめ
二〇〇五	平成十七	企画部政策室長
二〇〇六	平成一八	宝塚市長逮捕

		環境部長
		フィンランドバーサ大学関学交流プログラム
		プラスチックごみ分別収集推進
二〇〇七	平成一九	すみれ墓苑整備
		福祉コミュニティ推進研究会開設
二〇〇八	平成二〇	映画「不都合な真実」上映活動
二〇〇九	平成二一	宝塚市長逮捕
		ＮＰＯ法人こむの事業所設立
二〇一〇	平成二二	宝塚市定年退職
		こむの事業所開設
		障害者三名を雇用施設給食調理・施設清掃受託
二〇一一	平成二三	障害者就労継続支援Ａ型認可事業開始
		障害者一〇名雇用、フレミラ宝塚清掃、売布プラザ給食、駐車場管理受託
		レストランこむず、こむの市場開設
二〇一五	平成二七	認定ＮＰＯ仮認定

二〇一八	平成三一	認定ＮＰＯ認定
二〇二〇	令和元	宝塚フィナンシェ製造開始
二〇二一	令和三	農福連携着手
		黒大豆枝豆規格外品商品化試作

あとがき

私たちは生涯を通じてどれだけの本と出会えるでしょう。ましてや心に残る本との出会いはそれほど多くはないと思います。本書につづられたエッセイは、心に残る文章がなんと多いことか。お読みいただいてお感じになられたことでしょう。

「矜持」で語られる使命感と組織の命令の矛盾は、自治体職員でなくとも経験することですが、黒沢明監督の映画「生きる」のように市民の暮らしを守るという職業倫理感との葛藤が、自治体職員ならではのつらいものとなります。社会正義と市民のために、怒鳴る乱暴な市民に「市長は不在です」のウソはありかもと最後のコメントに同意している私もいます。昇任昇格し市民のために役割を果たすといった上司と部下の組織内の生き方も、「政策事始め」で語られている先進的だった役職定年制度も、現実が追い付いてきた感があります。

「奇跡のピアノ」に登場する中村さんという障碍者の方が、篤志家から寄贈を受けたピアノの演奏を通じて心を開いていくストーリーは、この事例だけでもさわやかな気持ちで満たされること間違いなしの映画のような物語です。課題を持ちながらもピアノの存在が社会とのつながりを、一時間一時間と仕事が増えるごとに築き上げていく様子が読者に伝わってくると思います。読み方を変えると、小津安二郎監督の「東京物語」のように、言葉ではなく心情の流れとして、主人公中村さんの心の中に構築されていく力強い社会との向き合いが何倍もの分量のストーリーとして見えてくるような気がします。

佐世保のまちを題材にしたジャズ喫茶を探す「マリンとネイビー」では、筆者の好きなジャズが背景に流れているような文章の運びの後、「そもそも軍隊にはだれかの命を守るために誰かの命を奪うという不条理なところがある」という一節があってウクライナ、パレスチナと続く不安な世界情勢を憂う気持ちになります。

シンガーソングライターとして多くの作品を発表している井上陽水は、作詞をするのにメロディを優先して言葉を納めることを考えるので、時に魅力的な違和感が歌になる場合があるといいますが、音と言葉の連続性、関連性なども文章の余韻となるのでしょう。その意味で時折本書に登場するミュージシャンとしての作者が、背景にジャズを流してくれているような文章が「アメリカがない」など沖縄の地などを背景にした作品に数多く登場していることは興味深いことです。

また「一時間から三七時間三〇分へ」で語られるいとおしいばかりの人間愛にあふれた言葉は、福祉の課題に向き合った自治体職員の魂の叫びでもあり、他人を思いやる気持ち、話を聞く姿勢は私の愛してやまない歌手生活五五周年を迎える岡林信康を彷彿とさせます。自然と家族、反権力と自由、雇用と暮らしなど私たちを取り巻く現実をしっかりと見つめる目線は、まさに本音で生きる自治体職員像そのものでしょう。
今回発行の運びとなった『自治体職員かく語る』は、当生活福祉研究機構の既刊「自治体職員かく生きる」シリーズの第2弾であり、しかも作者は元宝塚職員松藤さん一人という趣の異なるものです。当機構の会員向けニュースレターに連載された文章を中心に構成されていて、会員からも好評で多くの自治体職員、公務に関わる職員、福祉事業者、研究者、そして福祉に関心の深い市民に是非読んでもらいたいという思いからまとめ上げました。とかく自治体職員の文章は固くて読みづらいと考えている読者も多いと思いますが、趣の違いは歴然だと思います。現在リモートセミナーも継続して開催しており、今後もその内容をまとめて発表する予定です。ご期待ください。

一般社団法人生活福祉研究機構
専務理事　大石田　久宗

二〇二四年二月

自治体職員かく語る ～職員のための本音の話～

自治体活性化研究会 編　　2024年４月10日発行

著　者　松藤聖一

編集人　大石田久宗

発行人　古都賢一

発行所　一般社団法人生活福祉研究機構
〒178-0062　東京都練馬区大泉町２-53-13
TEL/FAX　03-5936-5921

発売元　㈱ＪＲＣ（人文・社会科学書流通センター）
mail：info@jrc-book.com
〒101-0051　東京都千代田区神田神保町1-34
TEL 03-5283-2230　　FAX 03-3294-2177

装幀デザイン　辻千尋

印刷・製本　社会福祉法人東京コロニー　コロニー印刷

ISBN978-4-86538-166-5